Daniela und Claus Blickhan

Denken, Fühlen, Leben

**Vom bewußten Wahrnehmen
zum kreativen Handeln mit NLP**

Die Deutsche Bibliothek – CIP-Einheitsaufnahme

Blickhan, Daniela:
Denken, Fühlen, Leben : vom bewußten Wahrnehmen zum
kreativen Handeln / Daniela u. Claus Blickhan. – 2. Aufl.
– München, Landsberg am Lech : mvg-verl., 1992
  (mvg-Paperbacks ; 400)
  ISBN 3-478-04000-0
NE: Blickhan, Claus:; GT

Das Papier dieses Taschenbuchs wird möglichst umwelt-
schonend hergestellt und enthält keine optischen Aufheller.

2. Auflage 1992

© mvg-verlag im verlag moderne industrie,
München/Landsberg am Lech
Umschlaggestaltung: Gruber & König, Augsburg
Satz: Fotosatz Buck, 8300 Kumhausen
Druck- und Bindearbeiten: Presse-Druck Augsburg
Printed in Germany 040 000/1092602
ISBN 3-478-04000-0

Inhaltsverzeichnis

Vorwort 9
Statt einer Einleitung: Gebrauchsanweisung 11

1. Kapitel
Die Welt, in der wir leben
oder Wie wir die Welt wahrnehmen 13
Unsere fünf Sinne 13
Übung: Wahrnehmung 16
Der Lieblingskanal 17
Übung: Wie Sie Ihren Lieblingskanal finden 18
Woran Sie die Lieblingskanäle anderer erkennen 21
Übung: Finden Sie den Lieblingskanal anderer 23
Mißverständnisse und wie man sie vermeidet 25
Übung: Ergänzen Sie 27
,,Wörterbuch'' 29

2. Kapitel
Die Sprache des Körpers
oder Wie ich mich bewege, so bin ich 31
Übung: Körperhaltung 32
Allgemeines Verarbeitungsmodell 34
Was Körpersprache über Kontakt aussagt 36
Übung: Der Atem 40
Spiegeln 41
Übung: Spiegeln 44
Mimik und Gestik gezielt wahrnehmen 47
1. Vorübung 47
2. Vorübung 49
Variante 51
Übung: Gedankenlesen 52
Was die Augen verraten 56

3. Kapitel

Unsere Sprache oder Wie Worte wirken 61

STOP! 62

Effektive Kommunikation 67

1. Oftmals fehlt das Wichtigste im Satz 67

   a) Einfache Auslassung 68

   b) ,,Im luftleeren Raum'' 69

   c) Unspezifische Ausdrücke 69

   d) ,,Im Gefrierschrank'' 70

2. Selbstauferlegte Einschränkungen 71

   a) ,,Ich kann/darf/soll nicht'' 72

   b) ,,Keiner mag mich'' 74

3. Verformungen 76

   a) ,,Er macht mich unglücklich!'' 77

   b) ,,Hellsehen'' 79

   c) ,,Ewige Wahrheiten'' 80

,,Hilfe, Kreuzverhör!'' 81

4. Kapitel

Botschaften der Gefühle

oder Was Gefühle uns sagen können 85

Gefühl und Verhalten 87

   Übung: Wie gehe ich mit meinen Gefühlen um? . . . 90

Botschaften der Gefühle 92

   Übungen: Kreatives Gestalten 96

   Übung: STOP! 98

Woher kommen Gefühle? 98

Anker als Helfer 102

Anker als Kraftquellen (Ressourcen) 103

   Übung: Meine persönliche Kraftquelle 108

,,Doppelt hält besser'' 112

Warum überhaupt Anker? 113

Funktioniert das wirklich? 115

Wenn Anker allein nicht ausreichen 115

,,Lieblingsgefühle'' 117

   Übung: Umgang mit ,,Lieblingsschlechtengefühlen'' 118

5. Kapitel
Alles hat eine positive Seite
oder Wie sich gute Absichten verwirklichen lassen 121
Alles hat eine positive Seite 121
,,Unvermögen'' ist auch eine Fähigkeit 126
Jedes ,,Problem'' ist eine Chance 126
   Vorübung: Umdeuten (I) 129
Die verschiedenen Seiten unserer Persönlichkeit 131
   Übung: Umdeuten (II) – neue Lösungen 136
Interne Problemlösungskonferenz 143
   Übung: Umdeuten (III) – Verhandlung 143

6. Kapitel
Positiv denken – positiv leben
oder Wie man Ziele erreichbar macht 147
Positives Denken 147
Wie denkt man positiv? 151
Denken mit allen Sinnen 152
Was ist eigentlich ,,negativ''? 154
Der positive Zielrahmen 156
   1. Sagen Sie's positiv! 156
   2. Werden Sie konkret! 158
   3. Finden Sie **Ihr** Ziel – nicht das von anderen! . . . 159
   4. Vorteile und Nachteile 160
   Übung: Ziele erreichen 161

Erfahrungsaustausch in Gruppen 165

Nachwort 166

Vorwort

Bei beruflichen Weiterbildungen kamen wir zu der Einsicht, daß die psychologischen Erkenntnisse und Forschungsergebnisse, mit denen wir arbeiten, nicht nur für unsere Klienten und Seminarteilnehmer nützlich und wertvoll sind, sondern gerade auch für das alltägliche Leben, für „Nicht-Psychologen".

Das gilt besonders für eine psychologische Schulrichtung, mit der wir in den letzten Jahren verstärkt arbeiten: das „Neurolinguistische Programmieren" (NLP)*. Deshalb haben wir dieses Buch geschrieben. Bisher wurden die Neuentwicklungen des NLP nur in Fachbüchern behandelt − unser Ziel war es, ein allgemeinverständliches Buch darüber zu schreiben, das keine Fachkenntnisse in Psychologie oder Pädagogik voraussetzt. Deshalb kommt der Begriff „NLP" ab jetzt in diesem Buch auch nicht mehr vor.

Psychologie beschäftigt sich mit dem Erleben und Verhalten des Menschen. Mit diesem Buch wollen wir Ihnen Wege zeigen, wie Sie Ihr Erleben reicher und Ihr Verhalten flexibler und erfolgreicher gestalten können. Das ist ein hochgestecktes Ziel. Aus unserer eigenen Erfahrung können wir sagen: Wir glauben, daß es erreichbar ist und den Versuch lohnt.

---

* Der Name „Neurolinguistisches Programmieren" weist auf die Zusammenhänge hin zwischen körperlichen (neurophysiologischen) Zuständen, Sprache (Linguistik) und innerer Verarbeitung (Denkprogramme und -strukturen).

Statt einer Einleitung:
Gebrauchsanweisung

„Gelesen ist noch nicht verstanden –
verstanden ist noch nicht behalten –
behalten ist noch nicht geglaubt –
geglaubt ist noch nicht angewendet . . ."

Auch wenn wir diesen Faden nicht weiterspinnen: Sie sehen schon, das Lesen dieses Buches ist nach unserer Auffassung nur der erste Schritt, denn dabei beschäftigen Sie sich mit dem Inhalt. Und dieser Inhalt ist nicht mehr und nicht weniger als die Frage, wie wir mit uns und anderen Menschen umgehen.

Wenn wir unsere heutige Umwelt betrachten, so sind zwar unsere technischen Errungenschaften auf dem neuesten Stand, der Umgang mit uns und anderen scheint jedoch in vielen Bereichen noch sehr „entwicklungsbedürftig".

Das muß nicht so bleiben. Viel ist gedacht und geschrieben worden – aber Sie wissen ja „Gelesen ist noch nicht . . ."

Deshalb laden wir Sie ein, mit- und weiterzudenken, Neues auszuprobieren und zu experimentieren.

* Wenn Sie manches vielleicht schon kennen, was wir schreiben – fassen Sie es als Bestätigung auf.
* Wenn Sie in einigen Punkten anderer Ansicht sind als wir – widersprechen Sie und schreiben Sie uns!
* Wenn Sie etwas langweilig finden – lassen Sie es weg.
* Wenn Sie vieles interessant finden – probieren Sie es aus!

Was immer Sie tun: Es ist besser, etwas zu tun als nur darüber nachzudenken oder zu reden. Der Wert dieses Buches liegt für Sie in dem, was Sie daraus machen.

Wenn Sie das Buch nur lesen, wird sich möglicherweise nicht viel dadurch verändern. Wenn Sie die einzelnen Übungen aber ausführen, in Ihren Alltag einbauen und die Worte so ,,zum Leben erwecken'', können Sie sich überraschen lassen, welche Veränderungen Sie an sich und Ihren Mitmenschen entdecken werden!

1. Kapitel

Die Welt, in der wir leben
oder Wie wir die Welt wahrnehmen

Unsere fünf Sinne

Die Welt, in der wir leben, wird uns erst durch unsere Sinne zugänglich. Dabei haben wir mehrere Möglichkeiten, um diese Informationen aufzunehmen. Durch unsere fünf Sinne können wir die Umwelt sehen, hören, fühlen, schmecken oder riechen. Die ersten drei Kanäle sind dabei am wichtigsten: die Augen, Ohren und der Tastsinn der Haut. Durch sie nehmen wir im Durchschnitt 95 % der Information auf, die uns bewußt ist. Der Geschmacks- und Geruchssinn spielt im Vergleich dazu weit seltener die Hauptrolle — obwohl es auch Bereiche gibt, in denen diese Kanäle durchaus ihre Bedeutung bekommen. ,,Den kann ich nicht riechen'' ist z.B. ein Urteil, das die Beziehung zu demjenigen schwerwiegend beeinflussen wird.

Warum beschreiben wir die fünf Sinne am Anfang dieses Buchs?

Die Welt, in der wir leben und mit der wir leben, ist unsere eigene, unverwechselbare Welt. Was wir denken und fühlen, wie wir reagieren und handeln, hängt sehr stark davon ab, wie wir unsere Situation wahrnehmen.

Wenn wir etwa im Nebenzimmer Schreie und Schüsse hören, werden wir das anders einschätzen, als wenn wir von nebenan nur gemütliches Gemurmel hören. (Welche Rolle es dabei spielt, ob wir wissen, daß im Nebenzimmer ein Fernsehgerät steht und zur Zeit ein Westernfilm läuft, werden wir im zweiten Kapitel genauer behandeln.)

Bevor wir uns also mit komplexeren Verhaltensweisen beschäftigen, geht es zunächst um unsere Wahrnehmung. Das ist ganz im wörtlichen Sinn zu verstehen: was wir für ,,wahr'' nehmen. Dabei sieht jeder durch seine eigene ,,Brille'', hört mit seinem eigenen ,,Hörrohr'' und spürt sozusagen durch seine ,,Handschuhe''.

Was wir wahrnehmen, ist also kein objektives Abbild der Welt ,,draußen'', sondern unsere subjektive Realität. Erinnern Sie sich z.B. an die Hundepfeife, von der wir keinen Ton hören, auf deren Laut ein (folgsamer) Hund aber sofort reagiert und herbeigelaufen kommt. Oder denken Sie an Katzen, die auch dann noch sehen, wenn es für uns stockdunkle Nacht ist. Wußten Sie, daß Aale in der Lage sind, einen einzigen Tropfen Duftstoff im Bodensee zu identifizieren?

Wir Menschen nehmen nur unsere spezifisch ,,menschliche'' Welt wahr, d.h. einen ganz kleinen Ausschnitt der Welt, in der wir leben. Aus dem ganzen Farbspektrum sehen wir nur Licht von infrarot bis ultraviolett. Wir können nur Töne hören, deren Schwingungen zwischen 20 und 20 000 Hertz pro Sekunde liegen − darüber und darunter ist es für uns still. Auch unser Geschmacks- und Geruchsvermögen ist begrenzt. Dies wird besonders deutlich, wenn wir uns mit ,,Feinschmeckern'' wie den Aalen vergleichen.

Große Bereiche der Realität können wir überhaupt nicht wahrnehmen. Ein gefährliches Beispiel ist die Radioaktivität: Wir können sie nicht wahrnehmen; dennoch existieren die Strahlen und können uns sogar sehr gefährlich werden.

Wir Menschen nehmen also nur einen kleinen Teil der Welt wahr. Und selbst diese spezifisch ,,menschliche'' Welt ist nicht für uns alle gleich. Denn jeder Mensch ist anders, und jeder nimmt seine Umwelt auf seine Weise wahr. Diese ,,private Wahrnehmung'' beeinflußt aber, was wir erleben, fühlen und wie wir uns verhalten.

Außerdem kann sie zur Quelle von Mißverständnissen werden, wie die folgende Geschichte zeigt.

Fünf Reisende treffen sich und tauschen ihre Erfahrungen über Neapel aus. Dabei stellt sich heraus, daß alle im Hotel „Miracolo" gewohnt haben.

Der *erste* ist ganz begeistert von dem Hotel. Das Essen war phantastisch und das Weinsortiment ausgezeichnet. Auch an den Zimmern hatte er nichts auszusetzen.

Der *zweite* widerspricht dem heftig. Er kann sich noch gut an das Hotel erinnern, es war fürchterlich laut. Auch im Zimmer fand er keine Ruhe; er kam einfach nicht zum Schlafen. Das Hotel ist seiner Meinung nach eine einzige Katastrophe.

Der *dritte* ist da ganz anderer Meinung. Er hat ausgezeichnet geschlafen. Verglichen mit den üblichen italienischen Zimmerchen hatte er sehr viel Raum, und das Bett war äußerst bequem. Auch die übrige Einrichtung fand er angenehm und gemütlich, und er hat sich sehr wohl gefühlt.

Der *vierte* war dagegen ziemlich unzufrieden. Statt gemütlich fand er das Hotel eher schmuddelig — wo man hinsah, Staub und Schmutz. Außerdem war es überall so dunkel, eng und unübersichtlich. Nein, ihm hat es dort überhaupt nicht gefallen.

Der *fünfte* schließlich fragt nur: „Und den gräßlichen Gestank habt ihr nicht bemerkt? Das Hotel steht genau gegenüber vom Fischmarkt. Ich gehe da bestimmt nicht mehr hin!"

Die fünf Reisenden, die sich über das Hotel in Neapel nicht einig werden, unterscheiden sich weniger in ihrem Urteil als in der Auswahl der Dinge, die sie bewußt wahrnehmen. Für den ersten ist der Geschmack entscheidend (Essen und Trinken), für den zweiten was er hört, also die Ruhe. Der dritte will sich wohl fühlen; ihm sind die Körpergefühle wichtig. Der vierte stellt das Sehen in den Vordergrund, und dem fünften hat der Fischmarkt „gestunken".

Übung: Wahrnehmung

Während Sie nun diesen Abschnitt weiterlesen, achten Sie einmal bewußt auf die Geräusche um Sie herum. Was hören Sie?

Hören Sie zusätzlich in Ihren Körper hinein, spüren Sie Ihren Atem, wie die Luft beim Ausatmen an Ihren Nasenflügeln vorbeistreicht . . .

Bleiben Sie bei diesen Wahrnehmungen, und konzentrieren Sie sich zusätzlich auf die Temperatur im Raum und darauf, wie sich Ihre Kleider auf der Haut anfühlen. Wie ist die Temperatur in Ihrem linken Fuß? Und wie halten Sie Ihren Kopf? Ist Ihr Mund vielleicht etwas geöffnet? . . .

. . . Hören Sie dabei noch immer die Geräusche um sich herum und fühlen Sie noch Ihren Atem?

Wahrscheinlich war beides längst aus Ihrem Bewußtsein verschwunden.

Wie läßt sich das erklären? Bevor wir Ihnen diese Übung vorgeschlagen haben, waren Sie sich wahrscheinlich nicht bewußt, wie Sie atmen oder wie die Temperatur in Ihrem linken Fuß ist. In dem Moment, in dem wir diese Dinge angesprochen haben, konnten Sie sie aber problemlos wahrnehmen. Nachdem Sie dann auf immer mehr Dinge achten sollten, haben Sie Ihre Aufmerksamkeit automatisch auf die letzten konzentriert und die ersten ,,vergessen``.

Die einfache Übung veranschaulicht, was jeder von uns in jedem Moment seines Lebens tut: Er wählt aus, was er wahrnimmt − bewußt und unbewußt. In jedem Augenblick bekommen wir Tausende verschiedener Informationen aus unserer Umwelt. Unser Organismus kann jedoch davon nur einen kleinen Teil auf einmal aufnehmen und verarbeiten. Die sogenannte ,,magische Sieben`` hat in diesem Zusammenhang ihre Bedeutung: Wir nehmen in der Regel nur 7 ± 2 Informationseinheiten bewußt auf einmal auf. Das Bewußtsein funktioniert hier wie ein Schieberegister: Sobald wir uns auf mehr konzentrieren wollen, ,,vergessen'' wir die ersten Informationen wieder. Sie verschwinden also aus unserem Wachbewußtsein – so lange, bis wir unsere Aufmerksamkeit wieder darauf richten.

In der Regel reicht diese Menge an Information aus, um zu überleben. Wir müssen nicht in jedem Moment unseren Herzschlag bewußt wahrnehmen oder die Temperatur in unserem kleinen Finger. Der Großteil unserer lebenswichtigen Körperfunktionen läuft völlig automatisch auch ohne unser Bewußtsein ab. Informationen, die Gefahr signalisieren, dringen aber meist sofort in unser Bewußtsein. Auch wenn wir uns gerade auf eine spannende Fernsehsendung konzentrieren (und damit die 7 ± 2 Einheiten schon ,,besetzt'' sind), werden wir sehr schnell aufmerksam, wenn es aus der Küche brenzlig riecht.

Die Tatsche, daß wir bei unserer Wahrnehmung der Umwelt eine (unbewußte) Auswahl vornehmen, erleichtert uns das Überleben. Andernfalls würden wir von der ungeheuren Menge der ständig auf uns einströmenden Information buchstäblich überwältigt werden. Diese lebensnotwendige Auswahl beeinflußt aber gleichzeitig unser persönliches Erleben und Verhalten. Damit wollen wir uns im folgenden Abschnitt genauer beschäftigen.

Der Lieblingskanal

Bei der Auswahl dessen, was sie wahrnehmen, bevorzugen viele Menschen in der Regel einen oder zwei bestimmte Kanäle. Vielleicht kennen Sie einen Bekannten, der immer gerne den ,,Durchblick'' hat und der sehen will, was los ist. Ein anderer dagegen hört sich oder andere gerne reden. Er liebt die Harmonie eines ruhigen Gesprächs, um die Dinge besser zu verstehen. Ein dritter will begreifen, was um ihn herum vorgeht, damit er sich in seiner Haut wohl fühlen kann.

Der erste benutzt also bevorzugt den visuellen Kanal, der zweite achtet vor allem auf das, was er hört, und der dritte auf das, was er spürt. Das gleiche gilt übrigens auch für die fünf Reisenden aus unserem Hotelbeispiel. Jeder von ihnen konzentrierte sich bei der Wahrnehmung seiner Umwelt im wesentlichen auf einen Bereich. Dies läßt sich an seiner Wortwahl ablesen. „An ihren Worten könnt ihr sie erkennen . . .'' – doch darauf werden wir später noch genauer eingehen.

Zunächst wollen wir Ihnen eine Übung vorschlagen, mit der Sie Ihren Lieblingskanal herausfinden können.

Übung: Wie Sie Ihren Lieblingskanal finden

Stellen Sie sich einmal vor, Sie haben Urlaub und stehen an einem wunderschönen tropischen Strand. Der Sand ist ganz fein und leuchtet schneeweiß unter Ihren Füßen. Sie schauen aufs Meer hinaus: Das Wasser ist kristallklar, der blaue Himmel spiegelt sich darin, und Sie können sogar einzelne bunte Fische erkennen. Etwas weiter draußen sehen Sie ein Riff, an dem sich schäumend die Brandung bricht. Ein paar Möwen kreisen am Himmel, und Sie hören ihre heiseren Schreie.

Das Wasser plätschert leise um Ihre Füße. Sie spüren, wie angenehm kühl es ist, während gleichzeitig die Sonne warm in Ihr Gesicht scheint. Ein leichter Wind streicht durch Ihre Haare und kühlt Ihr Gesicht. Sie spielen ein wenig mit den Zehen im Sand. Sie fühlen sich rundum wohl und genießen diesen Augenblick.

Haben Sie beim Lesen dieses Abschnitts das Bild des Strandes deutlich vor sich gesehen, die Geräusche gehört und Sonne, Wind und Wasser gespürt? Vielleicht haben Sie all das oder auch nur Teile davon wahrgenommen. Einige Erfahrungen waren unmittelbar und detailliert, andere vielleicht ungenauer oder entfernt. Eben diese Unterschiede in der Erfahrung können Ihnen Ihren Lieblingskanal zeigen.

Wenn Sie viele Teile des Bildes deutlich vor sich gesehen haben, weist dies darauf hin, daß Sie gelernt haben, Ihren visuellen Kanal gezielt einzusetzen. Haben Sie die Geräusche genau gehört, so deutet das auf den auditiven (Hör-)Kanal.

Vielleicht waren Ihnen die Unterschiede aber auch gar nicht so bewußt – deshalb geben wir Ihnen nun eine „Erkennungshilfe". Vergegenwärtigen Sie sich noch einmal den tropischen Strand und alles, was Sie gesehen, gehört und gefühlt haben. Beantworten Sie dann folgende Fragen:

Was sehen Sie?
Ist das Bild farbig . . . . oder schwarz-weiß
scharf . . . . oder verschwommen.
nah . . . . oder weit weg
bewegt wie ein Film . . . . oder wie ein Foto
hell . . . . oder dunkel?

Was hören Sie?
Hören Sie Geräusche oder/und Stimmen? . . . .
Sind diese laut . . . . oder leise
hoch . . . . oder tief
nah . . . . oder fern
in „Stereo" . . . . oder „Mono"?

Woher kommen die Geräusche bzw. Stimmen? . . . . .
Wechselt deren Richtung? . . . .

Was fühlen Sie? . . . .
Ist es heiß . . . . oder kalt
rauh . . . . oder glatt
schwer . . . . oder leicht
naß . . . . oder trocken?

Spüren Sie die Bewegung? . . . .
Spüren Sie den Rhythmus? . . . .

Einige dieser Fragen konnten Sie wahrscheinlich spontan leichter beantworten als andere. Diese unmittelbaren Antworten deuten auf Ihren Lieblingskanal hin.

Wenn es Ihnen schwerfiel, auf manche Fragen eine Antwort zu finden, sind diese Schwierigkeiten ein Hinweis auf ungewohnte Kanäle. Vermutlich achten Sie auf solche Informationen in Ihrem täglichen Leben weniger.

Fassen wir zusammen:

Jeder von uns trifft ständig eine Auswahl, welche Informationen aus seiner Umwelt er in sein Bewußtsein eindringen läßt. Dies ist nur ein kleiner Teil dessen, was in uns und um uns herum vorgeht.

Welcher Anteil unseres Erlebens dringt aber in unser Bewußtsein? Die Auswahl geschieht im wesentlichen unbewußt und wird vor allem bestimmt durch

1. unsere momentanen Bedürfnisse und
2. frühe Lernerfahrungen aus der Kindheit.

1. Es ist wissenschaftlich nachgewiesen, daß unsere gegenwärtigen Bedürfnisse die Wahrnehmung entscheidend beeinflussen. Beim Einkaufsbummel in der Stadt achten Sie auf andere Geschäfte und Boutiquen, als wenn Sie hungrig durch die gleiche Straße laufen: Die Restaurants und Lebensmittelgeschäfte werden Ihnen dann förmlich ins Auge springen.
2. Als Kind haben Sie nach und nach gelernt, bestimmte Botschaften gegeneinander abzuwägen. Wenn Ihre Mutter zu Ihnen sagte ,,Es ist alles in Ordnung'', dabei aber die Lippen zusammenpreßte und Tränen in den Augen hatte — welcher der beiden Botschaften haben Sie mehr Vertrauen geschenkt: der, die Sie hörten, oder der, die Sie in ihrem Gesicht sahen? Wenn Ihr Vater mit Ihnen schimpfte und Ihnen vielleicht einen leichten Klaps gab, dabei aber ermutigend lächelte und Ihnen zuzwinkerte — welcher Botschaft haben Sie dann geglaubt?

Kinder mit solchen oder ähnlichen Erfahrungen werden in ihrem späteren Leben wahrscheinlich eher auf das bauen, was sie sehen, als zu glauben, was sie hören. Wenn eine Frau, die so aufwuchs, eine Liebeserklärung bekommt, wird sie oft verlangen ,,Zeig mir, daß du mich liebst!" Ein Geschenk, das sie von ihrem Mann bekommt, oder ein Strauß roter Rosen sagen ihr wahrscheinlich mehr als die Worte ,,Ich liebe dich". Diese Frau wird oft nach sichtbaren Anzeichen seiner Liebe suchen − wenn ihr Partner das nicht bemerkt und ihr immer nur mit Worten versichert, wie sehr er sie liebt, kann es durchaus zu Mißverständnissen kommen. Der Partner dieser Frau könnte solche Schwierigkeiten vermeiden, wenn er ihr (hin und wieder wenigstens) *zeigt*, wie sehr er sie mag, indem er ihr z.B. tief in die Augen schaut oder ihr Komplimente über ihr Äußeres macht . . .

Woran Sie die Lieblingskanäle anderer erkennen

Als Zuhörer können Sie relativ leicht feststellen, welchen Wahrnehmungskanal Ihr Gesprächspartner bevorzugt: **Sehen, Hören oder Spüren***.

Er wird Ihnen das in seiner Sprache mitteilen: Manchmal in dem, *was* er sagt, immer jedoch durch die Art und Weise, *wie* er es ausdrückt.

In dem System, in dem die Wahrnehmungen gemacht wurden, werden sie auch weiterverarbeitet − gespeichert, erinnert, weitergedacht, benannt. Und diese Benennung deckt sehr oft den direkten Bezug zum Eingangskanal auf.

Lassen wir dazu Herrn **Schauer** seine letzten Urlaubserlebnisse schildern: ,,Ich habe jetzt *eingesehen*, daß ein Urlaub im

---

* Die beiden anderen Kanäle − Schmecken und Riechen − sind in der Regel weniger bewußt und sprachlich weit seltener vertreten. Es genügt also für den Anfang, auf die drei ersten zu achten.

Süden am *schönsten* ist. Die besten Wetter*aussichten*, eine wunder*schöne* Landschaft, das *farbige* Treiben in den Städten, Strand bis zum *Horizont* — was will man mehr? Und wenn man erst mal bei den Südländern durch*blickt*, kommt man auch prima mit ihnen *klar*."

Frau **Hörmann** widerspricht: „Also, da können Sie *sagen*, was Sie wollen, das lasse ich mir nicht *einreden*. Ich *verstehe* Sie nicht. Dort ist es doch nur *laut*, alle *reden* durcheinander. Dazu die *schreienden* Farben, die sind einfach *unerhört*. Die *ruhigen* Landschaften des Nordens *sprechen* mich da viel mehr an."

Herr **Tast** stellt dem entgegen: „Ich möchte das auch einmal *aufgreifen*. Ich habe das *Gefühl*, daß Sie völlig aneinander vorbei*laufen* mit Ihren Meinungen. Es geht doch nur um die *Balance* zwischen dem, was Sie *erleben* wollen, und dem, was Sie tatsächlich bekommen. Ich kann mich gut in Sie beide *hineinversetzen* und *spüre* schon, daß man an beiden *Standpunkten* *anknüpfen* könnte, statt gleich so aufeinander *loszugehen*."

Obwohl sich die drei über das gleiche Thema unterhalten, reden sie doch über völlig verschiedene Aspekte. Für Herrn Schauer ist entscheidend, was er sieht — daß die Menschen im Süden laut sind, stört ihn überhaupt nicht. Darauf achtet er kaum, er legt sein Augenmerk auf die visuelle Information. Frau Hörmann nimmt ihre Umwelt bevorzugt über die Ohren wahr. Für sie zählt, was sie gehört hat. Deshalb will sie einen ruhigen, harmonischen Urlaub. Für Herrn Tast ist dagegen wichtig, was er spürt. Er erlebt seine Umwelt sozusagen „hautnah" und will sich in die anderen einfühlen.

Für Sie bedeutet das konkret, daß Ihr Gesprächspartner Ihnen direkt sagt, welche Informationen über seine Umwelt er am meisten beachtet. Der *Inhalt* seiner Mitteilungen ist in diesem Fall zweitrangig. Die *Wahl der Worte* zeigt Ihnen seinen Lieblingskanal.

Das kann sich im Extremfall sogar darin ausdrücken, daß er mit der scheinbar „falschen" Kategorie seine Wahrnehmungen beschreibt. Er betrachtet etwa ein Bild im Museum und sagt: „Also, was ich da sehe, das *sagt* mir sehr viel. Die *ruhigen* Farben, die vielen *Zwischentöne*, das alles ist *harmonisch* aufeinander *abgestimmt* und ergibt einen wunderbaren *Zusammenklang.*"

Er benutzt also für die optische Wahrnehmung Wörter aus dem akustischen Bereich, weil dieser Kanal für ihn der bevorzugte ist.

Um Zustimmung auszudrücken, würde ein „Herr Schauer" also z. B. sagen „Das *sehe* ich auch so", „Das ist mir *klar*". Frau „Hörmann" könnte antworten „Das *hört* sich gut an", „Jetzt *verstehe* ich", und Herr „Tast" meint „Ich *begreife*, was du meinst" oder „Das ist nicht zu *fassen*".

Übung: Finden Sie den Lieblingskanal anderer

Und nun geht's in die Praxis:
Suchen Sie sich in der nächsten Woche mindestens zehn verschiedene Personen aus. Hören Sie ihnen genau zu und finden Sie heraus, welchen Kanal jede von ihnen bevorzugt.

Hier einige Signalwörter:

sehen, zeigen, veranschaulichen, zielen , Blickwinkel, Aspekt, Perspektive, deutlich, farbig, schwarz, düster, klar . . .

hören, sagen, klingen, schwingen, verstärken, abstimmen, Stimmung, Ton, Harmonie, Gleichklang, laut, leise . . .

fühlen, begreifen, berühren, Gefühl, Spannung, Standpunkt, weich, hart, fest, warm, schwer . . .

Legen Sie sich am besten ein kleines Heft an, und notieren Sie Ihre Beobachtungen. Überprüfen Sie Ihre Vermutung im nächsten Gespräch.

Nun noch eine wichtige Anmerkung zum Thema „Lieblingskanal":

Sie haben bis jetzt erfahren, daß jeder von uns einen oder zwei Lieblingskanäle hat, durch die er die Informationen der Umwelt bevorzugt ins Bewußtsein aufnimmt. Das bedeutet *nicht*, daß seine anderen Sinne unterentwickelt sind und er sich nur auf diesen speziellen Kanal beschränkt. In Wirklichkeit benutzt jeder von uns ständig *alle* Kanäle. Die Frage ist nicht, ob jemand ein „visueller Typ" ist oder ein „Spür-Mensch", damit wir ihn daraufhin in eine bestimmte Schublade einordnen können.

Unserer Meinung nach gibt es keine „Seh-/Hör-/Spür-Typen". Wenn jemand viele visuelle Ausdrücke benutzt (wie Herr Schauer), deutet das zunächst einmal darauf hin, daß er sein visuelles Informationsaufnahme-System besonders verfeinert hat. Vielleicht ist es ihm sogar bewußt, daß er vor allem auf das achtet, was er sieht.

Die anderen Kanäle arbeiten aber ständig mit — nur sind uns deren Informationen weit weniger bewußt und deshalb auch viel seltener in der Sprache repräsentiert.

Der bevorzugte Kanal kann außerdem je nach Situation wechseln. Auch jemand, der sich sonst vorwiegend auf visuelle Eindrücke beschränkt, kann beispielsweise im Konzertsaal die Augen schließen und sich dem Hören und Spüren überlassen.

Wir wollen also keine „Typen" erschaffen und festschreiben, sondern das Wissen über die Informationskanäle nutzen, um uns dem anderen leichter verständlich zu machen.

In einem bildhaften Vergleich könnte man die Zusammenhänge so darstellen: Der Lieblingskanal gleicht einer breiten und gut ausgebauten Wasserstraße. Neben diesem Kanal gibt es noch zahlreiche andere kleine Bäche und den alten Flußlauf. Die Bäche münden immer wieder einmal in den Hauptkanal und zweigen von diesem ab. Sie stehen für die anderen Sinneskanäle. Das Schiff schließlich, das auf diesen Wasserstraßen fährt, heißt „Kommunikation" oder „Verständigung". Je nachdem, wie breit und tief der Kanal, wie ruhig das Wasser ist, desto schneller und leichter wird das Schiff sein Ziel erreichen.

Mißverständnisse und wie man sie vermeidet

Um in unserem Bild der Kanäle und Wasserstraßen zu bleiben: Es kann natürlich auch einmal vorkommen, daß der Hauptkanal sich als „Sackgasse" entpuppt. Der Kapitän merkt plötzlich, daß er sein Ziel so nicht erreichen kann. Er müßte statt dessen auf einen der Nebenkanäle ausweichen, um weiterzukommen.

Als Beispiel ein kurzer Ausschnitt aus einem Ehekrach:

Sie: „Du siehst mich überhaupt nicht! Ich ziehe mich extra besonders schön an, wenn wir ausgehen, schminke mich ganz toll und verbringe viel Zeit vor dem Spiegel, um dir zu gefallen. Wenn ich dann aus dem Bad komme, bemerkst du das überhaupt nicht. Du stehst immer noch in deinen alten Jeans da und hast nicht einmal deine Haare gewaschen, und außerdem — in der Öffentlichkeit umarmst du mich ständig und siehst dabei nicht mal, wie uns alle Leute anstarren!"

Er: „Ich bin dir eben gern ganz nahe. Ich will, daß du spürst, wie gerne ich dich mag. Wenn du mich dann wegstößt, verletzt mich das sehr. Du zeigst mir nur die kalte Schulter! Und das mit den Jeans — darin fühle ich mich wohl. Das ist bequem und nicht so einengend wie dieser steife dunkle Anzug. Darin fühle ich mich immer wie auf einer Beerdigung."

Beide wollen eigentlich das gleiche: ihre Zuneigung für den anderen ausdrücken. Für ihn stehen Gefühle und Empfindungen im Vordergrund, während sie sichtbare Zeichen bevorzugt.

Und indem beide so aneinander vorbeileben und -reden, kommt es am Ende zum Streit — obwohl beide ursprünglich die gleiche Absicht hatten.

Wenn die beiden aber Bescheid wüßten über ihre unterschiedlichen Blickwinkel bzw. Empfindungen, könnten sie dieses Wissen benutzen und ihre Aussagen in die Sprache des anderen „übersetzen", um einander näher zu kommen. Zum Beispiel so:

Sie: „Ich mach' mich schön für dich, weil ich möchte, daß du *spürst*, wie gerne ich dich *mag*. Jedesmal, wenn du mich dann anschaust oder mir ein Kompliment machst, bekomme ich so ein *warmes Kribbeln* im Bauch, und das ist wirklich ein tolles *Gefühl*."

Wenn Sie sich in der Sprache des anderen ausdrücken, signalisieren Sie ihm damit Ihre Bereitschaft, auf ihn einzugehen. Dabei ist nicht entscheidend, ob er es bewußt bemerkt. Seine unbewußte Wahrnehmung wird oft viel mehr bewirken: Vielleicht fühlt er sich plötzlich besser von Ihnen verstanden, spürt mehr Anteilnahme, und sein Interesse an dem Gespräch steigt.

26

Um Ihnen die „Übersetzung" für den Anfang zu erleichtern, nun einige konkrete Beispiele:

Ich sehe das so . . .	Ich verstehe das so . . .	Ich nehme an . . .
Das ist mir klar.	Das verstehe ich.	Das begreife ich.
Völlig klar!	Stimmt!	Voll akzeptiert!
Es gibt verschiedene Blickwinkel	. . . Stimmen.	. . . Standpunkte.
Mir scheint . . .	Das klingt . . .	Ich habe das Gefühl . . .
Da sehe ich schwarz.	Das hört sich nicht gut an.	Da ballt sich was zusammen.
Sehe ich recht?	Unerhört!	Nicht zu fassen!

Übung: Ergänzen Sie

Und nun eine praktische Übung: Ergänzen Sie jeweils das fehlende Beispiel bevor Sie umblättern. (*)

Herr Schauer:	Frau Hörmann:	Herr Tast:
Ich zeige damit . . .	*	Ich belege damit. . .
*	Laß mal hören!	Schieß mal los!
aufzeigen	erläutern	*
Horizont	Verständnis	*
leuchtet ein	*	paßt
*	Unkenrufer	Quertreiber

27

Auflösung zur Übung „Ergänzen Sie":

Herr Schauer:	Frau Hörmann:	Herr Tast:
Ich zeige damit . . .	*Ich nenne jetzt . . .	Ich belege damit . . .
*Laß mal sehen!	Laß mal hören!	Schieß mal los!
aufzeigen	erläutern	*begreiflich machen
Horizont	Verständnis	*Fassungsvermögen
leuchtet ein	*stimmt	paßt
*Schwarzmaler	Unkenrufer	Quertreiber

„Wörterbuch"

visuell	auditiv	kinästhetisch
sichtlich	lauschen	aufgreifen
unsichtbar	klingen	erleben
übersehen	summen	anknüpfen
gucken	flüstern	annehmen
schielen	pfeifen	umgehen
weitsichtig	schmatzen	hineinbringen
ins Auge fassen	quietschen	einsteigen
schauen	rattern	aufnehmen
deutlich	schwatzen	beibehalten
Absicht	brummen	hängen
Aussicht	brüllen	dabeisein
Rücksicht	gurren	absinken
Vorsicht	knacken	ausführen
farbig	laut	entnehmen
rot, grün etc.	leise	hineinfinden
hell	schrill	entgegenstehen
dunkel	stumpf	berührt werden
rund	blechern	einbinden
eckig	Töne	aufpeitschen
versehen	Musik	erschlagen
schwarzsehen	Knall	ausformen
Horizont	bellen	sich bilden
bestrahlen	trommeln	auf die Schliche kommen
strahlen	tauschen	schleichen
Bild	Gebelle	schlurfen
ausmalen	knistern	sich regen
Gemälde	rasseln	lieben, umarmen
vor Augen haben	summen	ausschließlich
einsehen	stöhnen	abwimmeln
anschaulich	seufzen	schlafen
trüb	tratschen	drücken
neblig	ratschen	drängeln
aufzeigen	wiehern	drehen
sehen	raunen	erfüllt
sich zeigen	schnurren	erschlagen

Fortsetzung des „Wörterbuchs"

visuell	auditiv	kinästhetisch
Perspektive	wispern	passen
ansehlich	sagen	voll
nachsehen	fragen	füllig
scheinbar	Antwort	rund
die Augen offenhalten	Ankündigung	leer
Vorschau	Donnerwetter	luftig
Blitz		zerstreut
Licht in etwas bringen		lieb
undurchsichtig		heftig
transparent		glatt
klar		rauh
		faltig
		sanft
		müde
		frisch
		weich
		hart

2. Kapitel

Die Sprache des Körpers
oder
Wie ich mich bewege, so bin ich

Bis hierher haben wir uns vor allem mit der Wahrnehmung beschäftigt: Was wir sehen, hören, fühlen, riechen, schmecken. Die Information, die wir so aufnehmen, wird sehr vielschichtig und umfassend verarbeitet. Die Vorgänge dabei sind uns in unterschiedlichem Maße bewußt.

Das hängt hauptsächlich mit der Kapazität unseres Bewußtseins zusammen. Von den Millionen von Informationseinheiten, die uns zur Verfügung stehen, werden höchstens fünf bis zehn gleichzeitig aufgenommen. (Erinnern Sie sich noch an die ,,magische Sieben'' aus dem ersten Kapitel?)

Wir richten unsere Aufmerksamkeit bevorzugt auf Dinge, die einer bewußten, zielgerichteten Entscheidung bedürfen. Das heißt aber nicht, daß die anderen Vorgänge weniger wichtig sind. Gerade so lebensnotwendige Prozesse wie Atmung oder Stoffwechsel laufen fast völlig unbewußt. Trotzdem haben auch sie entscheidende Bedeutung für unser Leben.

Das wollen wir durch ein konkretes Beispiel deutlich machen.

Übung: Körperhaltung

Legen Sie einen Moment das Buch aus der Hand und setzen Sie sich ganz aufrecht auf Ihren Stuhl oder Sessel. Lassen Sie nun den Kopf sinken, beugen Sie Ihren Oberkörper vor, so daß der Rücken rund wird und die Schultern nach vorne hängen. Richten Sie den Blick nun nach unten auf den Fußboden.

Bleiben Sie etwa eine Minute in dieser Stellung und beobachten Sie Ihre Gedanken und Gefühle. Hören Sie in sich hinein und spüren Sie, was sich verändert.

Kreuzen Sie nun auf der folgenden Liste an, was für Sie zutrifft:

Liste 1

	Ja	Nein
Ich bin entspannt		
Ich sitze verkrampft		
Ich atme tief und frei		
Ich halte eher die Luft an		
Ich fühle mich niedergeschlagen		
Ich bin wach und aufmerksam		
Ich habe Angst		
Ich bin eher zuversichtlich		

Danach heben Sie Ihren Kopf und richten den Oberkörper wieder auf, so daß die Wirbelsäule eine senkrechte Linie bildet. Lockern Sie Ihre Schultern und sitzen Sie aufrecht, den Blick geradeaus nach vorne gerichtet. Stellen Sie sich dabei vor, Ihr Kopf würde im Scheitelpunkt nach oben gezogen. Entspannen Sie Ihre Beine und stellen Sie beide Füße nebeneinander auf den Boden.

Achten Sie wieder aufmerksam darauf, was sich nun verändert und bleiben Sie mindestens eine Minute in dieser Haltung.

Welche Veränderungen haben Sie bemerkt? Einige davon sind Ihnen wahrscheinlich sofort aufgefallen, andere waren Ihnen weniger bewußt.

Kreuzen Sie nun wieder an, was für Sie zutrifft.

	Ja	Nein
Ich bin entspannt		
Ich sitze verkrampft		
Ich atme tief und frei		
Ich halte eher die Luft an		
Ich fühle mich niedergeschlagen		
Ich bin wach und aufmerksam		
Ich habe Angst		
Ich bin eher zuversichtlich		

Beide Körperhaltungen führen also zu ganz verschiedenen Gedanken, Gefühlen und Empfindungen. Oder anders ausgedrückt: Unsere äußere Haltung beeinflußt unsere innere Haltung und umgekehrt.

Wir wollen das in einem einfachen Modell veranschaulichen.

Allgemeines Verarbeitungsmodell

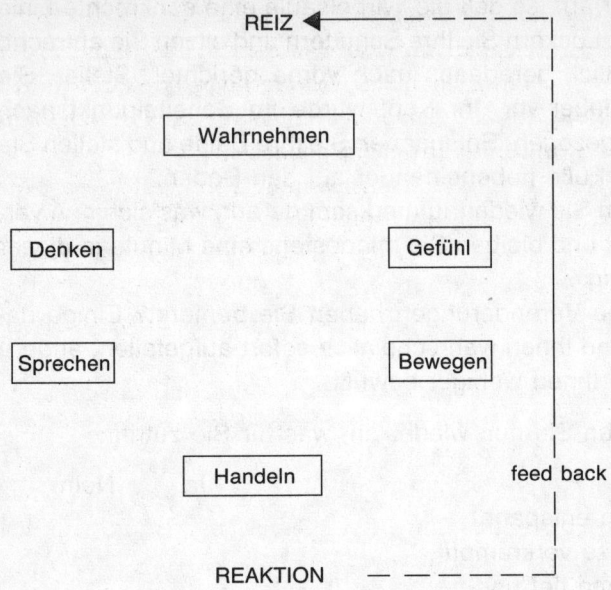

Grundlegend ist, daß alle psychischen und physischen Prozesse ganzheitlich ablaufen und sich gegenseitig beeinflussen. – Haben Sie nicht auch schon einmal Ihre Autoschlüssel gesucht und sie dort, wo sie lagen, mehrfach übersehen?

Selbst die Wahrnehmung wird also beeinflußt von dem, was wir wissen, glauben und fühlen. Den Zusammenhang von Gefühl und Haltung (= ,,Bewegen'' in der Sprache des Modells) haben Sie gerade selbst ausprobiert.

Über die Wahrnehmung selbst – Sehen, Hören, Spüren, Riechen und Schmecken – nehmen wir unsere Umwelt wahr. Wir suchen uns das heraus, was wir für wahr nehmen und halten wollen (siehe Kap. 1). Diese Auswahl wird hauptsächlich durch Gefühle gesteuert: Was Spaß, angst oder neugierig

Errata zu

Daniela und Claus Blickhan

Denken, Fühlen, Leben

Auf der Seite 34 sind durch ein technisches Versehen
die Pfeile in der Abbildung nicht abgedruckt worden.
Die Abbildung muß wie folgt aussehen:

Allgemeines Verarbeitungsmodell

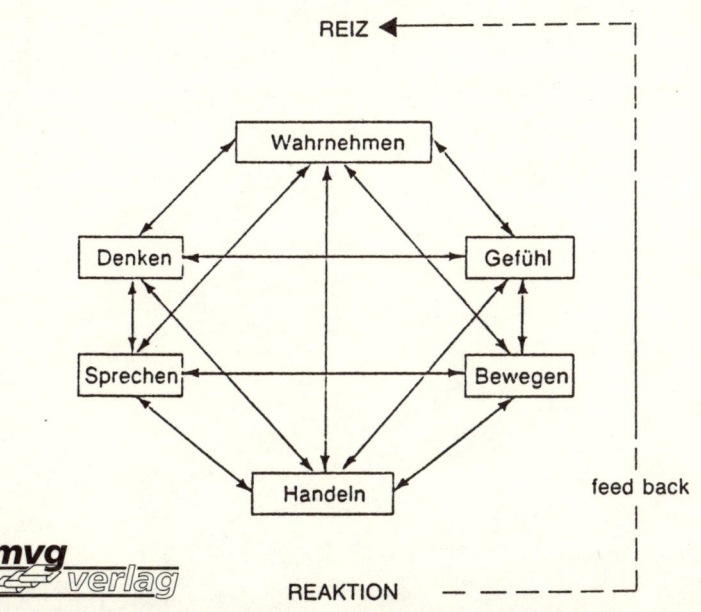

mvg verlag

macht, wird bevorzugt. Es ist ja auch zum Überleben das wichtigste.

Eine weitere Steuerung kommt von unseren Erfahrungen, also dem, was wir denken, wissen, meinen: Was wir nicht kennen, können wir auch nicht wiedererkennen. Daran liegt es z.B., daß für uns alle Chinesen ähnlich aussehen; vielen Chinesen geht es mit uns Europäern genauso.

Die bereits gefilterte Wahrnehmung wird weiterverarbeitet; die verschiedenen Verarbeitungsebenen beeinflussen sich dabei gegenseitig. Gedanken werden von Gefühlen begleitet, und Gefühle regen zum Denken an — oder sie hemmen das Denken. Dieses Phänomen hat wohl jeder von uns in Streßsituationen schon am eigenen Leib erlebt.

Reaktionen im engeren Sinne sind Verhaltensweisen wie Sprechen, Bewegungen, gezieltes und bewußtes Handeln. Auch sie stehen eng mit den anderen Funktionen in Zusammenhang. Im ersten Kapitel haben Sie gesehen, wie unsere Sprache von der Art der Wahrnehmung (,,Lieblingskanal'') und von unseren Gefühlen beeinflußt wird.

Die Alltagssprache kennt viele Beispiele dafür. Wer seinen Ärger *,,in sich hineinfrißt''*, *,,hinunterschluckt''*, der wird *,,sauer''* und die Belastung *,,schlägt ihm auf den Magen''* — er bekommt Magenschmerzen und am Ende vielleicht sogar ein Magengeschwür. Einem anderen *,,läuft die Galle über''*, und ein dritter ist so *,,hartnäckig''*, daß er einen steifen, verspannten Hals bekommt.

Vielleicht finden Sie ja selbst noch andere Beispiele für diesen symbolischen Gebrauch unserer Umgangssprache?

Kehren wir noch einmal zu unserer Ausgangsübung zurück. Wenn Sie, wie am Anfang, vornübergebeugt sitzen und den Kopf hängen lassen, wird der Oberkörper zusammengepreßt. Sie haben weniger Raum zum Atmen und fühlen sich im wahrsten Sinne des Wortes ,,bedrückt''. Wenn Sie weniger und flacher atmen, bekommt Ihr Organismus weniger Sauerstoff. Bei Sauerstoffmangel verlangsamen sich aber die Körper- und Gehirnfunktionen — Sie fühlen sich niedergeschlagen. Das verstärkt sich noch, indem Sie Ihr Blickfeld einschränken: Sie schauen auf den Fußboden und isolieren sich von Ihrer Umwelt.

Ganz anders dagegen in der zweiten Körperposition: Sie sitzen aufrecht, können dadurch frei atmen, und Ihr Körper bekommt genug Sauerstoff. Mit beiden Füßen stehen Sie fest auf dem Boden und sind aufnahmebereit für Ihre Umwelt.

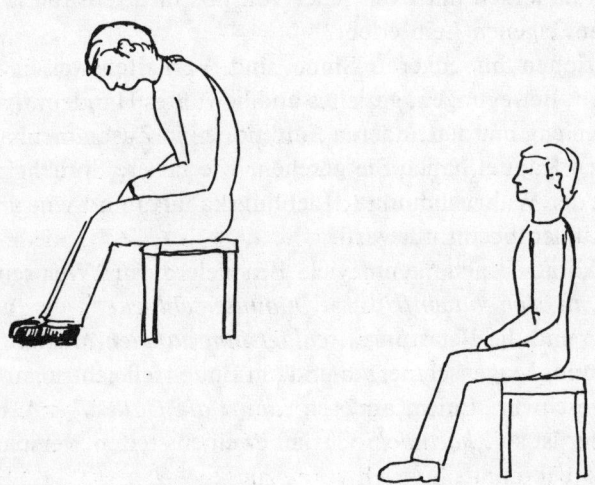

Was Körpersprache über Kontakt aussagt

Sie haben nun sozusagen am eigenen Leib erfahren, wie Gefühle und Gedanken mit der Körperhaltung zusammenhängen. Diese Erfahrung können Sie für sich selbst nutzen, wenn Sie sich etwa in einer niedergedrückten Stimmung gefangen fühlen. Stehen Sie auf, strecken Sie sich, atmen Sie tief durch und bewegen Sie sich in einem solchen Rhythmus, daß Ihr Körper sich auch innerlich aufrichtet – schon nach kurzer Zeit wird Ihre Stimmung sich ändern. (Diese Erfahrung wird übrigens auch in der Heilbehandlung von tiefergehenden Störungen wie Depressionen verwendet: Den Patienten wird neben Psychotherapie auch Waldlauf verordnet.)

Sie können Ihr neu erworbenes Wissen aber auch einsetzen, um Ihre Fähigkeiten im Umgang mit anderen Menschen zu erweitern. Wir beginnen wieder mit einem alltäglichen Beispiel, das Sie häufig beobachten können.

Eine Szene an der Theke Ihres Stammlokals:

Eine junge Frau sitzt an der Theke und wartet auf ihre Freundin, mit der sie sich hier verabredet hat. Sie sitzt leicht nach vorne gebeugt, hat die Ellbogen auf die Theke gestützt und wechselt hin und wieder ein paar kurze Worte mit der Wirtin. Da stellt sich ein gutaussehender junger Mann daneben und spricht sie an. Er hat den Kopf hoch erhoben, die Hände in den Taschen und redet ,,siegesgewiß'' auf sie ein. Sie aber antwortet nur ganz kurz und wendet sich ab. Ein zweiter Versuch des ,,Eroberers'' endet ebenso erfolglos. Der Mann verläßt daraufhin die Theke – vielleicht versucht er sein Glück später anderswo. Bald darauf kommt ein anderer, eher unauffälliger junger Mann an die Theke. Er spricht die Wirtin an und bestellt ein Getränk. Er lehnt sich nach vorne zur Theke, stützt die Ellbogen auf und wartet auf sein Bier. Als die junge Dame neben ihm in ihrer Handtasche kramt, richtet er sich kurz auf. Sie holt ihre Zigaretten heraus. Er zieht ein Feuerzeug aus der Tasche und gibt ihr Feuer. Dabei macht er eine kurze Bemerkung. Sie antwortet freundlich, und er lächelt zurück. Bis sein Bier kommt, ist ein angeregtes Gespräch im Gange.

Diese kurze Szene verdeutlicht, was viele von uns aus der Alltagserfahrung kennen: Wenn zwei Menschen in ein Gespräch vertieft sind und sich in gegenseitiger Übereinstimmung befinden, gleicht sich ,,automatisch'' ihre Körperhaltung an die des anderen an. Beide bewegen sich mit der gleichen Geschwindigkeit und im gleichen Rhythmus. Beide zeigen einen ähnlichen Gesichtsausdruck und ähnliche Gesten. – Sie haben einen ,,guten Draht'' zueinander.

Im Falle des ,,Eroberers'' aus unserem Beispiel war keine Übereinstimmung in der Körpersprache zu sehen: Weder bei der Haltung, noch in bezug auf Tonfall, Gesichtsausdruck oder Geschwindigkeit und Rhythmus der Gesten.

Anders dagegen bei dem zweiten jungen Mann: Seine Haltung, seine Gestik und seine Sprechweise waren der seiner Thekennachbarin ähnlich.

Kneipen oder Restaurants sind ein idealer Platz für solche Beobachtungen. Wenn Sie wieder einmal in einem Restaurant sind, beobachten Sie die Paare um Sie herum oberflächlich und schätzen Sie ein, welche einen sehr guten Kontakt zueinander haben und welche eher Streit, Meinungsverschiedenheiten oder schlicht Desinteresse signalisieren. Achten Sie dann darauf, ob Sie bei den Paaren mit dem vermutlich ,,guten Draht'' die beschriebenen Übereinstimmungen in der Körperhaltung sehen können.

Wofür ist dieses Wissen nun nützlich?

Hätte der ,,Eroberer'' in der Kneipe vielleicht seine Chancen verbessern können, wenn er darauf geachtet hätte und seine Körperhaltung und Gestik an die der jungen Frau angepaßt und sich auf ihre Tonlage und Sprechgeschwindigkeit eingestellt hätte?

Ja und nein. – Diese ,,automatische'' Übereinstimmung der Körpersprache klappt erfahrungsgemäß besser, wenn sie unbewußt bleibt. Sie ist eine Folge der wechselseitigen Abstimmung von beiden Beteiligten aufeinander. Wenn man sich also bewußt auf jemanden einstellen will, hat man zunächst einmal erschwerte Bedingungen, gerade weil es jetzt ,,mit Absicht'' geschieht. Außerdem gibt es ja keinerlei Garantie dafür, daß der/die andere auch mitmacht. Dennoch können Sie dieses

„Einstellen" lernen, etwa wie eine Fremdsprache oder das Autofahren. Dabei ist es hilfreich, wenn Sie die beiden genannten Probleme kennen und berücksichtigen. Ähnlich wie bei Fremdsprachen, bei denen Sie anfangs bewußt übersetzen und formulieren, ist das automatische Anwenden erst das Ergebnis eines längeren Übungsprozesses. Dann allerdings ist es ganz einfach und verursacht keine Anstrengung mehr; es geht „automatisch".

Wenn wir guten Kontakt zu unserem Gesprächspartner haben, sind wir sozusagen auf der gleichen Wellenlänge. Beim Funken ist ja die gleiche Wellenlänge überhaupt erst die Voraussetzung dafür, daß wir uns mit dem anderen verständigen können. Je feiner Sender und Empfänger sich aufeinander einstimmen, desto deutlicher und klarer kommen die Botschaften von einem zum anderen.

Das Bild von der gleichen Wellenlänge weist noch auf einen anderen wichtigen Punkt hin: den Rhythmus. Wenn Sie mit Ihrem Partner auf der gleichen Wellenlänge sind, haben Sie den gleichen Rhythmus. Dieser Rhythmus wird z.B. *sichtbar* in den Körperbewegungen: Gesten, Kopfnicken, Blinzeln usw. Sie können ihn auch an der Sprechgeschwindigkeit des anderen *hören*. Redet Ihr Partner schnell und atemlos, „wie ein Wasserfall", ohne Pause — oder spricht er langsam, rhythmisch und melodisch? Die Sprechgeschwindigkeit führt uns zu einem weiteren „Taktgeber", der immer da ist — wenn auch vielleicht etwas versteckter: zum Atemrhythmus.

Übung: Der Atem

Achten Sie nun einmal für einige Augenblicke auf Ihren eigenen Atem.

Atmen Sie   – langsam oder schnell?
                  – tief oder eher flach?
                  – unruhig oder regelmäßig?

Wo spüren Sie die Bewegung des Atems:
                           – tief unten im Bauch?
                           – am Zwerchfell?
                           – im Brustkorb?

Spüren Sie die Bewegung beim Atmen nur auf der Vorderseite Ihres Körpers oder auch am Rücken?
Stellen Sie sich nun vor einen großen Spiegel: Wo sehen Sie an sich selbst, daß Sie atmen? Finden Sie möglichst viele sichtbare Veränderungen! Bewegen sich Ihre Nasenflügel? Verrutscht eine Falte Ihrer Bluse/Ihres Hemdes beim Einatmen? Bewegt sich Ihr Bauch?

Nachdem Sie nun solche Veränderungen an sich selbst gefunden haben, versuchen Sie das auch bei anderen. Beobachten Sie die Leute um sich herum und finden Sie deren Atemrhythmus heraus. Am einfachsten geht das in einem gemütlichen Gespräch. Sie können Ihren Partner dann unauffällig beobachten. Außerdem liefert Ihnen das Gespräch bzw. seine Pausen hörbare Hinweise auf den Atem des anderen. Die meisten Menschen atmen ein, wenn sie einen Satz beginnen (ausgenommen vielleicht die ,,Wasserfallredner'' . . .).

Übrigens – lassen Sie sich nicht entmutigen, wenn Sie bei manchen Leuten den Atemrhythmus nicht auf den ersten Blick erkennen. In unserer Gesellschaft atmen viele Menschen sehr flach und fast ,,unsichtbar''. Aber mit etwas Übung und Ausdauer werden Sie auch diesen auf die Schliche kommen!

Spiegeln

Angenommen, Sie können nun den Atemrhythmus Ihres Partners erkennen, Sie sehen außerdem seine Körperhaltung, den Rhythmus seiner Gesten und Kopfbewegungen, Sie hören sein Sprechtempo und die Tonlage — was machen Sie nun mit all Ihren Beobachtungen?

Sie können es natürlich dabei belassen und sich an Ihrer neugewonnenen scharfen Beobachtungsgabe freuen. Sie können alles aber auch einsetzen, um einen besseren Draht zu Ihrem (Gesprächs-)Partner zu bekommen.

Dazu gibt es mindestens drei Möglichkeiten:

1. Übernehmen
2. Spiegeln
3. Überkreuz-Spiegeln

1. *Übernehmen* bedeutet einfach, daß Sie dasselbe machen wie Ihr Partner: Wenn er mit dem Kopf nickt, nicken Sie auch (vielleicht etwas später). Wenn er lächelt, lächeln Sie auch, wenn er die Beine übereinanderschlägt, tun Sie das gleiche . . .
2. Beim *Spiegeln* verhalten Sie sich wie das Spiegelbild Ihres Partners. Wenn er sich nach rechts lehnt, lehnen Sie sich nach links; wenn er mit der rechten Hand gestikuliert, ma-

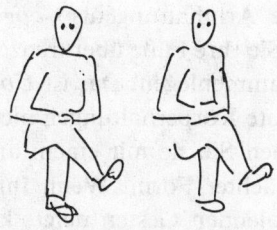

a) „Übernehmen"

chen Sie das gleiche mit der Linken usw. Sie übernehmen
seine Bewegungen also seitenverkehrt.

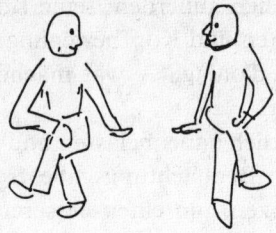

b) „Spiegeln"

3. Beim *Überkreuz-Spiegeln* können Sie nun Ihrer Phantasie
freien Lauf lassen. Ein Beispiel: Ihr Partner sitzt Ihnen gegenüber, zurückgelehnt und mit verschränkten Armen. Er
wippt mit der Fußspitze und beim Reden nickt er öfter mit
dem Kopf. Wenn Sie seine Armhaltung übernehmen oder
spiegeln wollten, würden Sie ebenfalls Ihre Arme verschränken. Stellen Sie sich dieses Bild einmal kurz vor: Beide sitzen
sich gegenüber mit verschränkten Armen, leicht zurückgelehnt . . . Diese „geschlossene Armhaltung" wird von vielen Menschen mit Ablehnung und Reserviertheit verbunden.
Das wollen Sie Ihrem Partner aber nicht unbedingt signalisieren – Sie wollen ja einen guten Kontakt mit ihm aufbauen.
Sie könnten seine Armhaltung also *abgeändert* übernehmen: etwa indem Sie Ihre Füße überkreuzen oder die Hände
nur im Schoß zusammenlegen. Das ist *Überkreuz-Spiegeln*.
Wenn Sie bestimmte Körperhaltungen nicht genau spiegeln
wollen, übernehmen Sie sie mit einem anderen Körperteil
oder in abgeschwächter Form. Wenn Ihr Partner z.B. zu
großen, weitausholenden Gesten neigt, können Sie diesen
Rhythmus übernehmen, indem Sie mit dem Kopf nicken,
oder Sie können die Gesten mit den Fingern andeuten.

c) „Über-Kreuz"

Zurück zu unserem Beispiel:
Sie könnten die verschränkten Arme Ihres Partners spiegeln,
indem Sie Ihre Füße kreuzen. Das Wippen mit der Fußspitze
taucht in Ihren Fingerbewegungen wieder auf (hoffentlich in
abgeschwächter Form − sonst verstärken Sie wahrscheinlich
nur noch die Unruhe des anderen!). Das Kopfnicken können
Sie dann übernehmen, wenn Sie selbst anfangen zu sprechen.
So wirkt es meist natürlicher, als wenn Sie beim Zuhören heftig
gestikulieren. Im übrigen sprechen Sie ja ohnehin in einer ähnlichen Tonlage und in ähnlichem Rhythmus wie Ihr Partner −
oder haben Sie sich an diesen Punkt nicht mehr erinnert? Stellen Sie sich vor, Ihr Partner wird immer leiser, Sie immer lauter
− Sie können sich ausrechnen, wann das Gespräch abbrechen
wird. Um Tonlage und Sprechrhythmus Ihres Partners zu spiegeln, müssen Sie weder ein Sprechkünstler sein noch Ihre Stimme in ungewohnten Höhen oder Tiefen klingen lassen. Es
genügt, wenn Sie von Ihrer „Normallage" einen deutlichen
Schritt in die Richtung Ihres Partners gehen.
    Behalten Sie das sozusagen „im Hinterkopf": Unauffällig
wirkt besser!
    Und nun geht's in die Praxis:

Übung: Spiegeln

Bitten Sie einen Freund oder eine Freundin, Ihnen von einem schönen Erlebnis zu erzählen. Achten Sie beim Zuhören auf die Körpersprache Ihres Partners und stellen Sie sich allmählich darauf ein.
Einige Tips für den Anfang:

- Nehmen Sie die gleiche Beinhaltung und
  Sitzposition ein.
- Achten Sie auf Kopfnicken und Lächeln.
- Übernehmen Sie die Gesten des anderen und
  bauen Sie sie in Ihre eigenen ein.
- Sprechen Sie in einer ähnlichen Tonlage und mit
  ähnlicher Geschwindigkeit.

Manchmal kommt es anfangs zum sogenannten ,,Spiegel-Phänomen". Das bedeutet, Ihr Partner merkt, daß Sie seine Körperhaltung und Bewegungen übernehmen, und fühlt sich dadurch irritiert. Das können Sie vermeiden, wenn Sie

- die Bewegungen nur andeuten oder ,,überkreuz"-
  spiegeln,
- für elegante Übergänge sorgen (also nicht abrupt
  spiegeln),
- die Bewegungen übernehmen, wenn *Sie* anfangen
  zu sprechen,
- und sie damit in Ihre eigenen Gesten einbauen.

Wie können Sie nun prüfen, ob Sie einen „guten Draht" zum anderen haben?

Wenn Sie Ihren Gesprächspartner kennen, können Sie ihn natürlich einfach fragen, ob ihm bei diesem Gespräch etwas aufgefallen ist. Vielleicht hatte er den Eindruck, daß Sie ihm heute besonders aufmerksam zugehört haben und daß er sich gut verstanden fühlte.

Vielleicht ist ihm (bewußt) aber auch gar nichts aufgefallen. Das ist v.a. bei so subtilen Abstimmungen wie dem Atemrhythmus oder kleinen Kopf- und Handbewegungen sehr oft der Fall. Außerdem wollen Sie ja nicht nur die „bewußten Effekte" kennenlernen, sondern auch die, die sich sozusagen „unter der Oberfläche" abspielen. Diese sind meistens noch viel interessanter.

Und dafür gibt es eine einfache Testmöglichkeit.

Wenn beide Partner auf der gleichen Wellenlänge sind, stimmen sie sich immer genauer aufeinander ein. Das Gespräch ist ein gegenseitiges Geben und Nehmen, wo man kaum mehr entscheiden kann, welcher von beiden führt und wer folgt. Beide machen „automatisch" das gleiche, und sie zeigen zahlreiche Hinweise auf den „guten Draht", wie wir sie weiter oben besprochen haben.

Unser Test für den „guten Draht" ist ganz einfach. Sobald Sie Ihrer Meinung nach die gleiche Wellenlänge mit dem anderen gefunden haben, verändern Sie etwas (z.B. eine bestimmte Geste oder Ihre Sitzhaltung) und schauen, ob und wie Ihr Partner Ihnen folgt. Vielleicht kratzt er sich eine Minute später auch an der Nase, oder er streicht sich nur übers Haar . . . das hängt ganz von Ihrem Partner und dem „guten Draht" ab.

Sie können den Test auch bei der Sprache einsetzen: Beginnen Sie, im gleichen Tempo und in ähnlicher Tonlage wie Ihr Partner zu sprechen. Werden Sie dann langsamer (oder schneller) und hören Sie, wie Ihr Partner Ihnen folgt. Vielleicht ändert sich seine Sprache, vielleicht sein Atemrhythmus – es gibt viele Möglichkeiten!

Das Wichtigste bei diesem Test:
Je besser Ihr Kontakt ist, und je feiner Sie sich gegenseitig auf
die gleiche Wellenlänge eingestimmt haben, desto deutlichere
Reaktionen können Sie schließlich beobachten.

Wenn Sie plötzlich auf einen Fremden zugehen, vor ihm ste-
henbleiben und sich an der Nase kratzen, wird das höchstwahrscheinlich keine durchschlagenden Änderungen seiner Körpersprache zur Folge haben . . . außer vielleicht einem ungläubi-
gen Kopfschütteln.

Wenn Sie dagegen einen „guten Draht" zum anderen haben,
werden Sie mit Sicherheit Reaktionen bei Ihrem Partner sehen,
hören, spüren . . . das kommt dann ganz auf Ihre Beobachtungsgabe an (oder auf Ihre Übung).

Deshalb am Schluß ein Hinweis: Es gibt wohl kaum jemand,
der gleich am Anfang auf alle Signale und Veränderungen
gleichzeitig achten kann! Auch hier macht die Übung den Mei-
ster: Erinnern Sie sich einmal zurück, wie es war, als Sie Auto
fahren lernten (für die Nicht-Autofahrer: radfahren). Anfangs
waren Sie vollauf damit beschäftigt, auf das Auto vor Ihnen zu
achten und gleichzeitig Gas zu geben oder zu bremsen. Nebenbei noch zu schalten war schwierig genug — wenn Sie dann
auch noch den übrigen Verkehr und die Kinder auf dem Geh-
steig beobachten und vielleicht noch das Radio auf den richtigen Sender einstellen sollten, schien das fast unmöglich!

Und mittlerweile geht das alles wie von selbst, ohne daß Sie
viel darüber nachzudenken bräuchten. Sie können sich sogar
nebenbei mit Ihrem Beifahrer unterhalten . . .!

Nehmen Sie sich also am Anfang nur ein oder zwei Signale
vor. Wenn Sie diese dann leicht und wie „automatisch" beobachten können, nehmen Sie nach und nach die anderen dazu
— bis Sie dann wie von selbst die Körperhaltung und Bewegungen Ihres Partners (überkreuz-) spiegeln, im gleichen Tempo
und ähnlicher Tonlage reden, im selben Rhythmus atmen . . .

und schließlich sogar seine Gedanken lesen können! Damit beschäftigen wir uns im nächsten Abschnitt dieses Kapitels.

Mimik und Gestik gezielt wahrnehmen

Nicht nur die großen Gesten, sondern gerade kleine Veränderungen, besonders in der Mimik, können eine Menge darüber verraten, was in Ihrem Gesprächspartner vorgeht. Diese kleinen Veränderungen kann man zudem bewußt nicht steuern – man bemerkt sie selbst oft nicht einmal.

1. Vorübung:

Sie üben gezielt, den Gesichtsausdruck des anderen genauer zu beobachten.

Dazu machen wir es uns am Anfang etwas leichter. Es mag so viele Unterschiede in der Mimik geben wie es verschiedene Gedanken gibt. Deshalb grenzen wir für diese erste Vorübung die Gedanken und damit die Mimik des Partners ein, indem wir ihm die Gedanken vorgeben.

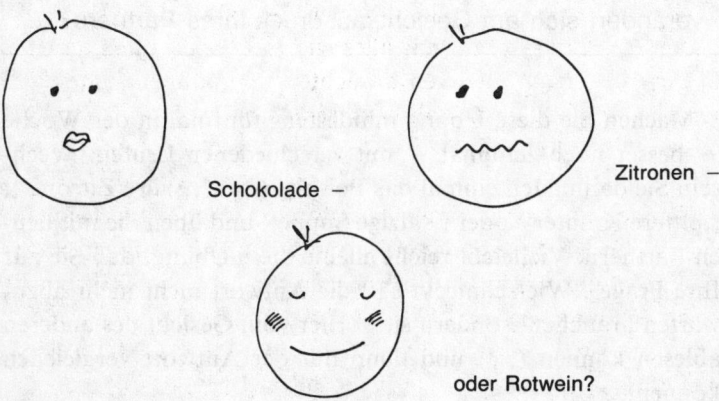

Schokolade –

Zitronen –

oder Rotwein?

1. Nehmen Sie Kontakt auf und überprüfen Sie, ob Sie einen ,,guten Draht'' haben.
2. Erzählen Sie von einem Kaffeekränzchen. Schildern Sie begeistert, wie gut Ihr Lieblingskuchen geschmeckt hat. Beobachten Sie dabei, mit welchem Gesichtsausdruck Ihr Partner der Erzählung folgt. (Wenn Sie schon etwas Übung haben: Läuft ihm das Wasser im Munde zusammen? Macht er Ansätze zu Kau- oder Lutschbewegungen? Wie ändert sich die Form seiner Lippen?)
3. Erzählen Sie dann, daß Sie als nächstes ein Stück Zitronentorte probiert haben. Die war so sauer wie eine frisch angeschnittene Zitrone; anscheinend hatte der Konditor den Zucker vergessen.

Beobachten Sie den Unterschied im Gesichtsausdruck Ihres Partners im Vergleich zu 2. (Lieblingskuchen). Wie viele Unterschiede können Sie erkennen?

Zum Schluß erzählen Sie, wie Sie durch einen guten Schluck Tee (Kaffee, Kognak . . .) die Sache wieder ausgleichen konnten. Wir wollen ja niemand mit einem ,,sauren Zitronengesicht'' weglaufen lassen. Und außerdem können Sie dabei wieder Ihre Beobachtung üben: Was verändert sich am Gesichtsausdruck Ihres Partners?

Machen Sie diese Übung mindestens fünfmal in der Woche — besser noch zehnmal — mit verschiedenen Leuten. Wechseln Sie dann auch einmal das Beispiel (statt ,,saure Zitrone'': ,,bittere Kräuter'' oder ,,salzige Suppe'' und üben Sie mit neuen Partnern. Vielleicht reicht alleine diese Übung, daß Sie auf Ihre Frage ,,Wie schmeckt's?'' die Antwort nicht mehr abzuwarten brauchen, sondern sie vorher vom Gesicht des anderen ablesen können (. . . und dann mit der Antwort vergleichen können).

2. Vorübung:

Für diese Übung brauchen Sie einen „ständigen Partner" – auch wenn er nichts davon weiß. Wählen Sie also jemand, den Sie oft sehen.

Prägen Sie sich seinen Gesichtsausdruck gut ein, wenn er von jemandem redet, den er sehr unsympathisch findet und den er überhaupt nicht mag. Achten Sie auf kleine Veränderungen in seinem Gesicht:

- Verändert sich Form oder Größe seiner Lippen?
- Sind die Gesichtsmuskeln angespannt?
- Legt er die Stirn in Falten?
- Sind die Augen weit offen oder „verkniffen"?
- Wie ist seine Gesichtsfarbe?
- ...

Versuchen Sie, so viele Details wie möglich zu beobachten und prägen Sie sich diesen Gesichtsausdruck gut ein. Sie „kalibrieren" sich so auf Ihren Partner.

Der Ausdruck „Kalibrieren" kommt ursprünglich aus der Technik und bedeutet soviel wie „Feineinstellung". Sie wollen den jeweiligen Gesichtsausdruck Ihres Partners so genau wie möglich beobachten; ähnlich wie es ein Meßgerät tun würde. Bei jedem Meßgerät muß man aber erst den Nullpunkt einstellen, um den Meßbereich festzulegen. Genau das tun Sie beim „Kalibrieren".

Denken Sie zum Beispiel an Ihre Waage im Badezimmer. Bevor Sie sich darauf wiegen, stellen Sie auch erst den Nullpunkt ein ... sonst könnte es zu (unliebsamen) Überraschungen kommen, wenn die Waage am Anfang etwa schon fünf Kilogramm anzeigt, bevor Sie darauf steigen.

Ein Hinweis: Beobachten Sie objektiv, d.h., achten Sie auf das, was Sie sehen oder hören. Interpretationen wie ,,Er sieht so unglücklich aus" oder ,,Er schaut angestrengt" helfen Ihnen beim Kalibrieren nicht weiter. Schließlich wollen Sie von Ihrer Badezimmerwaage keine Ermahnung, endlich abzunehmen, sondern objektive Information über Ihr Gewicht.

Fragen Sie sich deshalb, an welchen konkreten Anzeichen Sie bei Ihrem Partner ablesen, daß er ,,angestrengt" oder ,,unglücklich" ist. Preßt er die Lippen aufeinander? Sind die Muskeln der Augenpartie angespannt? Ist er blaß?

Solche objektiven Informationen lassen sich leicht überprüfen (schauen Sie genau hin) und sind unserem Ziel viel nützlicher.

Nachdem Sie nun den Gesichtsausdruck Ihres Partners ,,kalibriert" haben, wenn er an eine unsympathische Person denkt, achten Sie jetzt auf seine Mimik, wenn er von jemandem redet, den er gerne mag und sehr sympathisch findet.

Beobachten Sie wieder genau und sammeln Sie die Veränderungen in seinem Gesicht.

Nach dieser ,,Kalibrierungsphase" beginnen Sie im weiteren Gespräch zu raten, ob irgendwelche Leute, von denen Ihr Übungspartner redet, ihm sympathisch oder unsympathisch sind – durch Vergleich mit den gespeicherten ,,Eckwerten".

Sie sollten Ihre Vermutungen auf jeden Fall überprüfen. Entweder durch Abwarten weiterer Informationen oder auch indem Sie einfach fragen: ,,Wie gefällt er/sie dir eigentlich? Findest du ihn sympathisch?"

Variante

Wenn Ihr Partner bereit ist, mit Ihnen gezielt zu üben, ist folgende Variante einfacher und sicherer:

Bitten Sie Ihren Partner, zunächst an jemanden zu denken, den er unsympathisch findet. Er soll sich genau vorstellen, wie derjenige aussieht, sich bewegt, wie seine Stimme klingt usw. Ihr Partner braucht bei alledem nichts zu reden!

In dieser Phase „kalibrieren" Sie sich auf den „unsympathischen" Gesichtsausdruck.

Dann stellt Ihr Partner sich genauso „lebendig" jemanden vor, den er sehr gerne mag. Jetzt kalibrieren Sie den Ausdruck „Sympathie".

Zum Üben stellen Sie ihm nun einfach Fragen wie

Welcher der beiden, an die du gedacht hast,

- ist älter?
- hat längere Haare?
- hat das größere Auto?
- . . .

Ihr Partner soll diese Fragen nicht laut beantworten, sondern sich die jeweilige Person vorstellen. Dann braucht er nur an die Person zu denken, für die die Antwort zutreffen würde. Sie beobachten dabei weiterhin aufmerksam sein Gesicht und *raten* die Antwort. (Wenn die Frage für ihn nicht zu beantworten ist, weil er es vielleicht selbst nicht weiß, soll er das gleich sagen. Sonst würde er beim Überlegen an beide denken und Sie dadurch nur verwirren.) Lassen Sie sich Ihr Ergebnis auf jeden Fall bestätigen oder korrigieren!

Wenn Sie nicht gerade an ein ausgesprochenes „Poker-face" geraten, ist diese Übung einfacher, als Sie denken. Sie brauchen auch keine hundertprozentige Trefferquote zu erzielen, wenn Sie nicht als Zauberer im Zirkus auftreten wollen. Eine Verbesserung Ihrer „Ratefähigkeiten" von 50 % (Zufall) auf 70 bis 80 % ist schließlich auch schon ganz beachtlich.

Übung: Gedankenlesen

Suchen Sie sich wieder einen Übungspartner, der noch nichts von seinem Glück weiß. Nehmen Sie – nach allen Regeln der Kunst – Kontakt auf und finden Sie den „guten Draht" zu ihm.

Stellen Sie ihm dann zunächst ein paar einfache Fragen, bei denen Sie ziemlich sicher mit einem „Ja" als Antwort rechnen können.

Zum Beispiel: Sind Sie auch aus X?
Sind Sie mit Ihrem Auto hier?
Lieben Sie Brahms?
. . .

Achten Sie darauf, daß Sie in gutem Kontakt bleiben. Stellen Sie kein Verhör an, sondern bleiben Sie im Gespräch. Kalibrieren Sie sich dabei auf das „Ja-Gesicht" Ihres Partners.

Wechseln Sie dann über zu einigen Fragen, bei denen Sie eher ein „Nein" als Antwort erwarten. Stellen Sie Ihre Fragen, beobachten Sie dabei seine Mimik und kalibrieren Sie sich auf sein „Nein"-Signal.

Und jetzt gilt's:

Stellen Sie weitere Fragen, bei denen Sie die Antwort noch nicht wissen. Legen Sie „innerlich" fest, *bevor* die Antwort kommt, ob Sie ein „Ja" oder ein „Nein" erwarten. Vertrauen Sie dabei auf Ihr Gefühl und Ihre Intuition, die die Fülle der beobachteten Informationen schneller verarbeiten können als Ihr Verstand. Üben Sie dieses Spiel, bis Sie in der Schlußphase auf etwa 80 % Treffer kommen.

Die Anwendungsmöglichkeiten dieser neuen Fähigkeit sind offensichtlich. Wenn Sie von einem anderen Menschen etwas wollen, kalibrieren Sie sich zunächst auf seine ,,Ja"- und ,,Nein"-Signale. Stellen Sie dann die Frage, die Sie interessiert, in offener Form, z.B. ,,Man könnte sich überlegen, ob diese Lösung sinnvoll wäre . . ." Sehen Sie dabei ein ,,Ja"-Signal, fragen Sie gleich konkret: ,,Denken Sie das auch?" Sehen Sie ein ,,Nein"-Signal, reden Sie einfach weiter: ". . . oder ob es noch andere Gesichtspunkte zu berücksichtigen gibt?"

Der Vorteil dieser Vorgehensweise ist offensichtlich:
Hat Ihr Partner sich durch ein klares ,,Nein" einmal festgelegt, müßte er sich erst wieder neu entscheiden, bevor er Ihren Wünschen folgt. Diese Umentscheidung bedeutet aber zusätzlichen Aufwand, und den nimmt niemand gerne auf sich.

Einem klaren ,,Nein" können Sie nun vorbeugen. Sie können entweder vorher aufhören oder auf die Lösungsvariante hinarbeiten, der Ihr Partner auch zustimmen würde; auf jeden Fall sind Sie wesentlich flexibler. Und Sie werden die Gelegenheit nicht verpassen, ein klares ,,Ja" auch abzuholen, wenn es zur Verfügung steht . . .

Um Ihre Fähigkeit des ,,Gedankenlesens" weiter zu üben, bietet sich ein kleines ,,Gesellschaftsspiel" an, das Sie z.B. auf Parties sehr schnell bekannt und beliebt machen kann. Es handelt sich dabei um die alte Kunst des *Handlesens*. Der Trick ist: Sie tun nur so, als wenn Sie aus der Hand lesen — in Wirklichkeit lesen Sie aus dem Gesicht.

Die Vorbereitung ist für Ihren Partner noch gar nicht als solche zu erkennen: Sie stellen Ihre ,,Ja"- und ,,Nein"-Fragen und kalibrieren sich dabei auf Ihren Partner und seinen Gesichtsausdruck (wie in der letzten Übung beschrieben). Dann erzählen Sie eine Menge über das Handlesen und erklären, wie es angeblich funktioniert. Dabei geht es nur darum, die Aufmerksamkeit Ihres Partners auf seine Hand zu lenken, sein Interesse zu wecken und den Kontakt zu verbessern, so daß er offenere Reaktionen zeigt.

Sie können z.B. erzählen:

„Als wir das letzte Jahr in Jugoslawien im Urlaub waren, ist uns etwas ganz Merkwürdiges passiert. Wir haben auf dem Marktplatz gerade eingekauft, als eine alte Zigeunerin uns plötzlich ansprach und sagte, sie müsse uns etwas Wichtiges zeigen. Sie habe auf meiner Hand gesehen, daß uns ein Unglück droht, und wolle uns warnen. Wir haben uns dann länger mit ihr unterhalten und später gehört, daß in der Zwischenzeit auf der Straße, auf der wir zurückfahren mußten, ein größerer Unfall war . . . Na ja, ich bin dann am nächsten Markttag wieder in die Stadt gefahren, und als ich die Zigeunerin wieder traf, habe ich ihr alles erzählt und sie zu einem Glas Wein eingeladen. Erst wollte sie nicht, aber dann ging sie doch mit, und wir kamen schön ins Gespräch. Dabei hat sie mir dann eine ganze Menge über die Handlesekunst verraten."

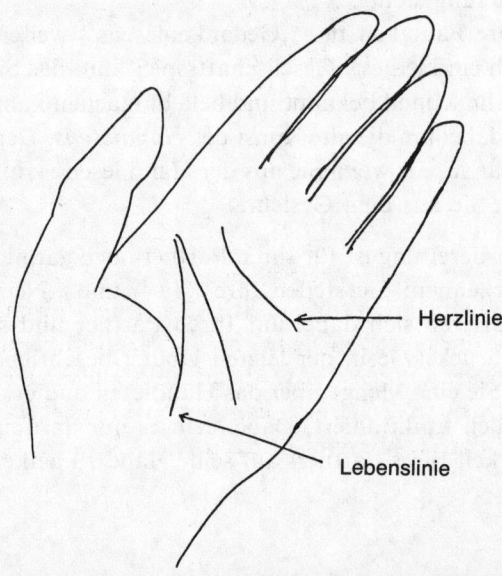

Herzlinie

Lebenslinie

„Also, man braucht bei einem Rechtshänder die linke Hand" – und dabei nehmen Sie die linke Hand Ihres Gesprächspartners – „und schaut als erstes nach seiner Lebenslinie". Dabei deuten Sie auf die lange Linie, die von der Handwurzel auf den Zeigefinger zuläuft. Später bringen Sie dann noch die Herzlinie ins Gespräch, die unter den Fingern quer verläuft und die oberste Linie des typischen „M"-Musters bildet. Dann beginnen Sie mit dem Handlesen.

Die ganze Kunst besteht nun darin, anhand der „Ja"-Signale Ihres Partners zu möglichst konkreten Aussagen zu gelangen.

Gehen Sie von allgemein üblichen Tatsachen aus. Die meisten Menschen machen Kinderkrankheiten durch. Sagen Sie z.B.: „Ich sehe eine Störung im frühen Kindesalter . . . Es könnte vielleicht . . . eine Krankheit oder etwas anderes gewesen sein . . ." War das „Ja"-Signal bei „Krankheit" oder „etwas anderes"? Na also!

Und weiter „. . . Dies geschah im Alter von etwa zwei . . . drei . . . vier . . . oder fünf . . . sechs . . . – Nein, doch . . ." „Ja genau, eine Krankheit im Alter von sechs Jahren. Nun wollen wir sehen, ob Sie damals im Krankenhaus waren . . . oder zu Hause . . ." und so weiter.

Da Ihr Partner sehr genau weiß, was er weiß, aber nicht weiß, wie Sie vorgehen (es sei denn, er hat dieses Buch gelesen), wird er über die Präzision Ihrer Angaben verblüfft sein. Er kann gar nicht anders, als diese auf seine konkrete Vergangenheit zu beziehen, die er gerade im Kopf hat.

Es gibt viele Möglichkeiten, sich mit dieser Übung auch unbeliebt zu machen. Wenn Sie sich aber beliebt machen wollen, heben Sie die positiven Dinge hervor: Daß die Krankheit erfolgreich überwunden wurde, daß dabei vielleicht eine wichtige Erfahrung gemacht wurde, deren positive Bedeutung erst noch voll zum Tragen kommen wird, usw.

Einige andere Punkte, die (fast) immer zutreffen:

- eine einschneidende Veränderung um das sechste Lebensjahr (Schule, manchmal auch Umzug o.ä.)
- persönlicher Erfolg mit etwa 15 bis 17 Jahren (Schulabschluß, Bewältigung pubertärer Schwierigkeiten, manchmal sportliche Leistungen . . .)
- wichtige Person (erste Liebe)
- wesentliche Neuorientierung nach dem 20. Lebensjahr (Beruf, Familie)

Je konkreter Sie das Ergebnis fassen können, bevor Sie es definitiv aus der Hand lesen, desto verblüffender ist die Wirkung und desto überzeugter wird die Zustimmung Ihres „Mediums" ausfallen.

Wenn Sie mal danebentippen: Berufen Sie sich auf Ihren Amateurstatus. Sie wollen ja kein Geld dafür. Und die anderen Angaben haben doch gestimmt, oder?

Was die Augen verraten

Haben Sie schon einmal jemand beobachtet, der Ihnen detailliert ein Bild beschreibt und dabei scheinbar ins Leere starrt? Oder der auf eine Frage antwortet „Laß mich mal sehen . . ." und dabei seitlich nach oben blickt?

Ist Ihnen schon einmal aufgefallen, wie oft Redner nach oben schauen, als ob sie ihre Eingebungen von dort erwarten würden?

Wem ging es in der Schule nicht so, daß er über eine Frage des Lehrers nachdachte und dabei hören mußte: „Starr nicht an die Decke, da oben steht's nicht!" Wir sind gar nicht so sicher, ob der Lehrer da wirklich recht hatte und dort oben nichts zu sehen sein soll . . .

All diese häufig zu beobachtenden Beispiele zeigen, wie sich Menschen Zugang zu Informationen verschaffen. Sie konstruieren Bilder vor ihrem inneren Auge oder erinnern sich an etwas, das sie einmal gesehen haben. Interessant für Sie als Gesprächspartner ist dabei, daß Sie diese Prozesse von außen beobachten können. Diese Art des „Gedankenlesens" ist unser nächstes Thema.

Erinnern Sie sich noch einmal zurück an die verschiedenen Wege der Informationsaufnahme, wie sie im ersten Kapitel beschrieben wurden. Wir nehmen die Welt wahr, indem wir sie sehen, hören, fühlen, riechen oder schmecken. Die meisten Menschen haben einen oder zwei dieser Kanäle bzw. Filter verfeinert und benützen ihn/sie nun bevorzugt. Wie Sie schon wissen, können Sie das an der Sprache des anderen erkennen. Weitere Hinweise liefern Ihnen die Augen Ihres Partners.

Wir können unsere Aufmerksamkeit entweder nach außen auf unsere Umwelt richten oder nach innen auf unsere inneren Prozesse, Empfindungen, Erinnerungen usw. Beides gleichzeitig ist nur in Ausnahmefällen möglich – im Alltag finden Sie fast immer ein „Entweder – oder".

Daher ist es wichtig, im Kontakt mit anderen darauf zu achten, wo diese mit ihrer Aufmerksamkeit gerade sind: innen oder außen. Wenn sich Ihr Partner nämlich gerade auf seine Erinnerungen konzentriert, sinkt die Wahrscheinlichkeit, daß er Ihnen aufmerksam zuhört und genau versteht, was Sie ihm sagen wollen.

Wie können Sie nun erkennen, wo Ihr Partner gerade mit seiner Aufmerksamkeit ist?

Wenn er Sie interessiert anschaut, ist er ziemlich sicher auf Sie konzentriert. Ein Hinweis kann also der Blickkontakt sein. (Außerdem können Sie ja inzwischen so nebenbei auf seine Körperhaltung achten – haben Sie einen „guten Draht" zueinander?)

Wenn Ihr Partner seine Aufmerksamkeit nach außen richtet, stehen die Chancen gut, daß er hört und versteht, was Sie ihm sagen wollen. Was machen Sie aber mit einem der notorischen „Weggucker", bei dem Sie das Gefühl nicht loswerden, daß er viel zu sehr mit seinen eigenen Dingen beschäftigt ist, um Ihnen richtig zuzuhören?

Eine Möglichkeit ist, ihn dort „abzuholen", wo er gerade ist, also auf seine inneren Prozesse einzugehen. Um das herauszufinden, brauchen Sie oft nur zu beobachten, wo der andere hinschaut.

Neuere Forschungen haben ergeben, daß es bestimmte Muster bei Augenbewegungen gibt, je nachdem, ob jemand gerade etwas vor seinem inneren Auge sieht, etwas hört, fühlt oder mit sich selbst spricht.

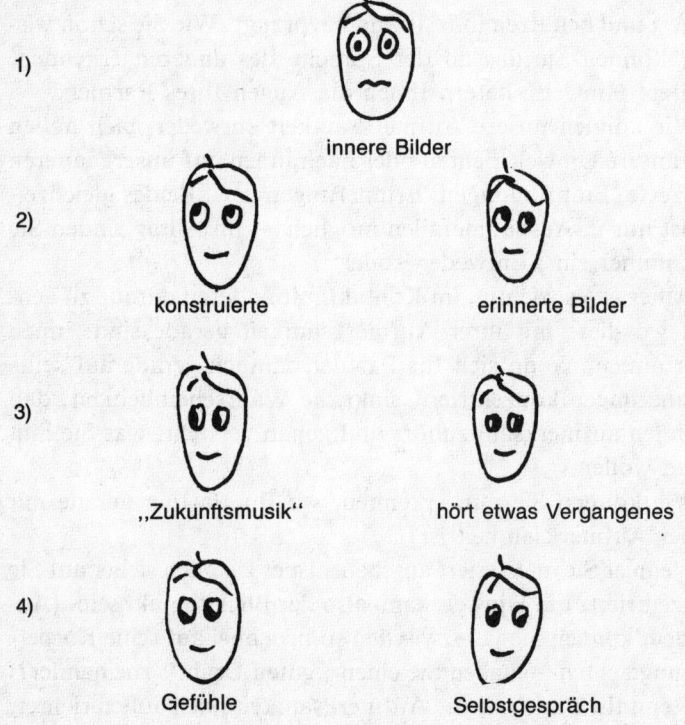

1) innere Bilder

2) konstruierte — erinnerte Bilder

3) „Zukunftsmusik" — hört etwas Vergangenes

4) Gefühle — Selbstgespräch

(1) Wenn jemand nach oben schaut oder „ins Leere" starrt, ist das oft ein Hinweis darauf, daß er innere Bilder sieht.

(2) Rechtshänder sehen in der Regel links oben (vom Betrachter aus gesehen rechts oben) Bilder, die sie schon einmal

gesehen haben − also Erinnerungen − rechts oben werden dagegen Bilder konstruiert (Wünsche, Phantasien . . .).

(3) Blickt jemand nach links oder rechts zur Seite, kann das bedeuten, daß er gerade im Geiste etwas hört, z.B. Stimmen oder Töne. Die sogenannte „Telefonstellung‟, bei der man mit starrem Blick nach unten schaut (meist links unten bei Rechtshändern) weist oft auf innere Selbstgespräche hin.

(4) Wer nach rechts unten schaut, ist dagegen (als Rechtshänder) wahrscheinlich in Kontakt mit seinen Empfindungen und konzentriert sich auf das, was er spürt oder wie er sich fühlt.

Das könnte in einem konstruierten Beispiel etwa so aussehen:

	„Also, wenn Sie mich fragen . . .	direkter Blickkontakt (geradeaus)
	Ich hab' mal so ein Auto gekauft . . .	erinnertes Bild, (links oben)
	Meine Frau sagte oft, es sei zu teuer für uns	hört etwas aus der Vergangenheit, (links)
	Andererseits − ich weiß nicht recht − es spricht einiges dafür . . . obwohl . . .	innerer Dialog. (links unten)
	Eigentlich bin ich froh, daß ich es los bin.	Gefühl, (rechts unten)
	Wenn ich mir vorstelle, ich würde Fahrrad fahren . . .	konstruiertes Bild, (rechts oben)
	. . . dann würde meine Frau mich wegen meiner Sportlichkeit loben!‟	hört „Zukunftsmusik‟ (rechts)

59

Die hier beschriebenen Augenbewegungen und ihre Bedeutung sind keine „ewigen Wahrheiten". Viele Menschen machen sich nicht die Mühe, genau in ein Modell zu passen . . . Bei manchen sind z.B. die Seiten vertauscht, auf denen sie Bilder erinnern oder konstruieren. Andere haben ihre eigenen Muster entwickelt, wie sie Zugang zu ihren Informationen finden können.

Klassifikationen sind Fallen. Es geht uns nicht darum, Menschen in ein bestimmtes Schema zu pressen, sondern wir wollen von der genauen Beobachtung ausgehen und so Möglichkeiten finden, die anderen besser zu verstehen.

Falls Sie jemand treffen, der konsequent nach oben schaut, wenn er etwas fühlt, und nach unten, wenn er Bilder sieht, heißt das nicht, das das Modell falsch ist oder derjenige „nicht normal" – es zeigt nur, daß er seine eigene Vorgehensweise entwickelt hat, um mit Informationen umzugehen. Wenn Sie das erkennen, können Sie ihn möglicherweise besser verstehen oder von ihm lernen.

Die Augenbewegungen Ihres Partners können für Sie also eine Hilfe sein, um genauer zu *sehen*, was in ihm vorgeht, und sich dann im Kontakt darauf einzustellen.

Angenommen, Sie diskutieren mit Ihrem Kollegen über eine neue Form der Arbeitsteilung und er blickt häufig nach oben oder schaut beim Reden in die Ferne. Sie könnten darauf eingehen, indem Sie ihn z.B. fragen „Wie *siehst* du das?", „Ist mein Argument *klar* für dich?" . . .

Schaut Ihr Partner dagegen viel nach unten links („Telefonstellung"): „Verstehe ich dich richtig . . .", „Wie hört sich das für dich an?" . . .

Hier wären viel mehr Beispiele möglich, aber wir wollen es Ihnen überlassen, selbst noch weitere zu finden und auszuprobieren.

3. Kapitel

Unsere Sprache
oder
Wie Worte wirken

Im letzten Kapitel ging es um mehrere Möglichkeiten, um herauszufinden, wo Ihr Gesprächspartner gerade mit seinen Gedanken ist, und wie Sie sich darauf einstellen können. Wenn sich seine Aufmerksamkeit nach innen richtet, können Sie beispielsweise oft an seinen Augen(bewegungen) ablesen, womit er sich gerade beschäftigt: mit Bildern seiner Erinnerung, mit Selbstgesprächen oder mit seinen Gefühlen. Wie Sie ihn dort abholen können, war Thema der vergangenen Kapitel. Deshalb hier gleich die Frage an Sie:

Welche Möglichkeiten gibt es, wie Sie sich auf Ihren Partner einstellen können, um ihn ,,abzuholen"? Finden Sie mindestens drei verschiedene, sprachliche *und* nonverbale Mittel.

1. ....
2. ....
3. ....

(Wenn Ihnen das schwerfallen sollte, blättern Sie noch einmal zurück zum zweiten Kapitel, oder schauen Sie in der Auflösung auf der nächsten Seite nach.)

Auflösung:

Bisher haben Sie in diesem Buch folgende Möglichkeiten kennengelernt:

Sie können   Gesten
              Körperhaltung
              Bewegungsrhythmus
              Atemrhythmus
              Sprache im Lieblingskanal

des Partners übernehmen
              spiegeln
              überkreuz-spiegeln.

Soweit ist also alles klar; die Voraussetzungen für ein anregendes Gespräch, einen interessanten Meinungsaustausch oder einen aufmerksamen Zuhörer haben Sie nun geschaffen. Bedeutet das aber, daß Sie automatisch davon ausgehen können, daß Ihr Partner Sie genau versteht bzw. umgekehrt?

Sicher haben Sie auch schon die Erfahrung gemacht, daß sich im Laufe eines Gesprächs plötzlich herausstellte „Wir reden über ganz verschiedene Sachen!" Oder wenn es sich nicht so direkt zeigte, fühlten Sie sich danach merkwürdig frustriert und hatten das Gefühl, am anderen vorbeigeredet zu haben.

„Wenn zwei das gleiche sagen, meinen sie noch lange nicht dasselbe." So nennt der Volksmund dieses Phänomen, und das ist das Thema unseres dritten Kapitels.

Dazu gleich ein kleines Experiment:

Stellen Sie sich bitte einmal eine Feder bildlich vor.

STOP!

An was für eine Feder haben Sie gedacht? An eine Vogelfeder? Oder an eine Stahlfeder, Blattfeder, Spiralfeder? An eine Schreibfeder?

Dieses einfache Experiment zeigt: Wir haben zu einem bestimmten Wort in einer bestimmten Situation eine ganz bestimmte Vorstellung – und diese stimmt *nicht* notwendigerweise mit den Vorstellungen anderer Menschen überein. Jeder hat sein ganz persönliches „Bild".

Auch wenn Sie (so wie ich) an eine Vogelfeder gedacht haben: War es eine große, kleine, weiße, bunte, strähnige, flaumige?

Versuchen Sie nun einmal, „Ihre" Feder so genau zu beschreiben, daß ein Außenstehender *genau das gleiche* Bild dieser Feder sehen würde. . . . Das ist Ihnen nicht gelungen? Kein Wunder – dies ist die einzige Aufgabe in diesem Buch, die unmöglich auszuführen ist.

Sie können zwar sprachlich immer genauer werden, um Ihre Erinnerung oder Ihre Gedanken konkret zu beschreiben. Aber Sie werden nie einen anderen Menschen dazu bringen können, sich (um im Beispiel zu bleiben) ganz genau *diese* Feder vorzustellen, wenn Sie nur davon reden und ihm nicht die Feder in Wirklichkeit zeigen.

Das hat einen einfachen Grund: Um den Begriff „Feder" zu denken und sich gar eine Feder bildlich vorzustellen, müssen Sie das Wort mit Ihrer persönlichen Erfahrung füllen. Sie greifen also auf Ihre Erinnerungen zurück, um das Wort „Feder" überhaupt verstehen zu können. Dieser Prozeß läuft blitzschnell und völlig automatisch ab. Ihre persönliche Erfahrung ist aber mit den Federn verknüpft, die Sie schon gesehen haben, und der allgemeinen Vorstellung „Feder", die Sie sich daraufhin gemacht haben.

Diese inneren Vorstellungen sind immer einzigartig für jeden von uns, und oft unterscheiden sie sich sogar recht beträchtlich von denen anderer Leute.

Nachdem jeder von uns Worte als „Etiketten" seiner persönlichen Erfahrung gebraucht, meinen wir also oft nicht dasselbe, wenn wir vom gleichen reden. Das mag banal klingen. Aber die Erfahrung (Welche eigentlich nun? Meine, unsere, Ihre . . .?) zeigt, daß viele Menschen häufig anders miteinander umgehen. Sie gehen davon aus, daß andere ebenso wahrnehmen, denken, fühlen und reagieren wie sie selbst. Nur trifft diese Annahme eben in der Regel *nicht* zu.

Und manchmal führt sie sogar zu skurrilen Ergebnissen . . .

Zwei ältere Damen machen einen gemütlichen Spaziergang. Am Waldrand setzen sie sich auf eine Bank und gönnen sich eine kleine Pause. Drüben auf der anderen Talseite steht eine Kapelle malerisch im Sonnenschein. Die eine Dame lauscht dem Zirpen der Grillen, die andere beobachtet, wie eine Mädchenklasse zum Kirchlein wandert, hineingeht und zu singen beginnt. ,,Ist das nicht eine wunderbare Musik?'' fragt sie ganz ergriffen. ,,Oh ja,'' antwortet die erste. ,,Und dabei machen sie das nur, indem sie ihre Hinterbeine aneinanderreiben . . .''

Jeder von uns füllt also die Worte der Sprache mit seinem persönlichen Inhalt. In der Regel fällt das nicht besonders auf — außer bei solch spektakulären Mißverständnissen wie den ,,Hinterbeinen''. Gerade die ,,unmerklichen'' Bedeutungsunterschiede sind es aber, die die Kommunikation erschweren und behindern.

Wie können Sie dieses Problem lösen?

Sie können natürlich einfach nachfragen ,,Wie meinst du das?'', ,,Was bedeutet das für dich?'' oder ähnliche Fragen mehr. Abgesehen davon, daß Ihr Partner wahrscheinlich leichte Ermüdungserscheinungen zeigt, wenn er zum siebzehnten Mal ein Wort erklären und definieren soll, ist dieses Verfahren recht zeitaufwendig. (Wie man — wenn nötig — die richtigen Fragen stellt, wird uns im zweiten Teil dieses Kapitels noch beschäftigen.)

Entscheidend ist die Tatsache, daß die Worte, die wir wählen, unsere persönliche Sichtweise der Welt widerspiegeln.*

---

* Wir sind uns der Prozesse, die zur Wahl des jeweiligen Wortes führen, in der Regel nicht bewußt. Sie laufen unterschwellig ab und dringen nur höchst sel-

Wenn Sie das sozusagen „im Hinterkopf" behalten, statt selbstverständlich davon auszugehen, daß *eine* Sichtweise für *alle* gilt, haben Sie den Grundstein für eine erfolgreiche Kommunikation gelegt.

Der amerikanische Psychologe Joseph Yeager bietet hierfür einen interessanten Vergleich.

Die Metapher vom dunklen Zimmer

Stellen Sie sich vor, Sie wachen in einem fremden, dunklen Zimmer auf und haben keine Ahnung, wo Sie hier eigentlich hingeraten sind. Wenn Sie nun hastig aufspringen und Hals über Kopf zur Tür stürzen (wo ist die eigentlich?), werden Sie in der Dunkelheit wohl nicht weit kommen, ohne mehrmals schmerzhaft irgendwo anzurempeln.

Tasten Sie sich statt dessen vorsichtig weiter, von einem Möbelstück zum anderen. Achten Sie auf scharfe Ecken und Kanten, auf verborgene Stufen und andere „Stolpersteine" – so werden Sie sicher und unverletzt den Lichtschalter oder die Tür finden.

Was hat dieses dunkle Zimmer nun mit erfolgreicher Kommunikation zu tun?

Wenn jemand mit Ihnen spricht, befinden Sie sich gewissermaßen im Dunkeln: Sie wissen nicht, was im Kopf des anderen vorgeht, wie sein „Zimmer" eingerichtet ist und wo die gefährlichen Ecken und Kanten sind.

Um nicht gegen unerwartete Widerstände anzurennen, ist es deshalb wichtig, sich erst einmal vorsichtig herumzutasten, um herauszufinden, wie Ihr Gesprächspartner sein „Zimmer" eingerichtet hat. Wenn Sie dann schließlich beim Lichtschalter angelangt sind (und erkennen, was Ihr Partner will, was seine

---

ten in unser Wachbewußtsein. – Einer dieser Ausnahmefälle wäre z.B. der erste „Anstandsbesuch" bei den Eltern der neuen Freundin. Hier wird der eingeladene Jüngling seine Worte sicher sorgfältig wählen – aber um der Sichtweise der Eltern zu entsprechen!

Ziele oder Motive sind), werden Sie vielleicht sehen, daß sein Zimmer ganz anders eingerichtet ist als das Ihre.

Nachdem es bisher hauptsächlich um die Wortwahl ging, beschäftigen wir uns nun mit dem Inhalt der Kommunikation.

Dabei gibt es mehrere Hilfen, wie Sie effektiv Information sammeln können. Oft teilt Ihr Partner Ihnen nämlich wichtige Dinge nicht mit − sei es, weil sie für ihn selbstverständlich sind oder (das ist das andere Extrem) weil sie in seiner Sicht der Welt nicht vorkommen.

Um Ihnen den Überblick zu erleichtern, geben wir zunächst eine komplette Sammlung dieser Hilfen und erklären im Anschluß daran jede einzelne ausführlich.

Überblick

1. Wie oft das Wichtigste im Satz fehlt

   a) einfache Auslassung
   b) ,,im luftleeren Raum"
   c) unspezifische Ausdrücke
   d) ,,Gefrierschrank"

2. Selbstauferlegte Einschränkungen

   a) ,,Ich kann nicht"
   b) ,,Keiner mag mich"

3. Verformungen

   a) ,,Er macht mich unglücklich"
   b) ,,Hellsehen"(= Gedankenlesen)
   c) ,,Ewige Wahrheiten"

Effektive Kommunikation

1. Oftmals fehlt das Wichtigste im Satz

In jedem Moment bekommen wir eine riesige Menge an Information aus unserer Außen- und Innenwelt: Wahrnehmungen, Gedanken, Gefühle, Erinnerungen . . . Es ist unmöglich, sich auf alle diese Erfahrungen gleichzeitig zu konzentrieren − geschweige denn, sie bis ins kleinste Detail zu beschreiben.

Erinnern Sie sich nur einmal an die Wahrnehmungsübung aus dem ersten Kapitel. Sie können sich nicht gleichzeitig auf die Geräusche um Sie herum, auf Ihren Atem, die Empfindungen auf Ihrer Haut, die Temperatur etc. konzentrieren. Diese Menge an Details überschreitet den Umfang dessen, was Sie bewußt auf einmal wahrnehmen können.

Dazu gleich noch eine einfache Übung:

Denken Sie einmal an eine gute Freundin oder an einen guten Freund. Stellen Sie sich diesen Menschen genau vor: Sehen Sie ihn/sie gewissermaßen vor Ihrem „geistigen Auge".

Wie lange dauert dieser Vorgang? − Maximal einige Sekunden oder ein paar Minuten.

Versuchen Sie nun, Ihren Freund/Ihre Freundin mit *Worten* so zu beschreiben, daß kein Außenstehender ihn/sie verwechseln könnte. Beschreiben Sie so genau, daß ein Fremder diese Person auf Anhieb in einer Menschenmenge erkennen und identifizieren könnte. Wie lange brauchen Sie dazu? Eine Stunde, einen Tag . . .? Geht es überhaupt?

In jedem Fall dauert dies wesentlich länger, als wenn Sie sich Ihren Freund nur vorstellen sollen.

Wir können unsere Erfahrungen nicht ganz exakt bis ins kleinste Detail beschreiben. Das würde unendlich viel Zeit in Anspruch nehmen (und einen sehr geduldigen Zuhörer voraussetzen). Also beginnen wir, beim Reden Dinge auszulassen. Das ist ein völlig natürlicher und sinnvoller Vorgang. Er ist wichtig zum Zeit- und Energiesparen und damit zum Überleben — sofern wir nur die unwichtigen, nebensächlichen Dinge auslassen.

Sobald wir aber anfangen, wichtige Sachen auszulassen, wird es problematisch.*

a) Einfache Auslassung

„Ich bin unglücklich." „Ich bin verwirrt." „Ich habe Angst."

Diese Aussagen haben eines gemeinsam: Wichtige Informationen wurden weggelassen. „Angst haben" zum Beispiel beschreibt eine Beziehung zwischen zwei Dingen. *Jemand* hat vor *etwas* Angst. Wenn Sie nicht wissen, wovor Ihr Gesprächspartner Angst hat, können Sie ihn auch nicht verstehen — es sei denn, Sie legen Ihre eigenen Erfahrungen und Interpretationen in diesen Satz hinein. Dabei könnte es aber passieren, daß Sie im Dunkeln sozusagen über eine Stufe stolpern . . . Sie können die fehlende Information aber sehr leicht bekommen — wenn Sie nachfragen:

Wovor hast du Angst?
Vor wem?

---

* Im letzten Satz finden Sie übrigens auch mindestens drei solcher Auslassungen:

– Was sind „wichtige Sachen"?
– Wichtig für wen?
– Was wird problematisch?

b) „Im luftleeren Raum"

Eine andere Form der Auslassung sind Aussagen, die im „luftleeren Raum" zu schweben scheinen. Beispiele dafür finden Sie in den meisten Unterhaltungen: „Mir geht es heute schon viel besser." „Er ist ein schlechter Mensch." „Am besten vergessen wir das." „Du hältst jetzt besser deinen Mund!"

Auch diese Sätze können Sie durch einfache Fragen „knacken":

Besser im Vergleich wozu?
Schlechter als was/wer?

Sie holen dadurch die Aussagen aus dem luftleeren Raum sozusagen wieder auf den Boden zurück, genauer: auf den Boden Ihrer gemeinsamen Gesprächsbasis. Auf diese Weise schaffen Sie ein gemeinsames Bezugssystem: Sie und Ihr Partner messen gewissermaßen mit dem gleichen Maßstab. Erst dadurch wird ein Gespräch möglich, in dem Sie sich wirklich gegenseitig verstehen — und nicht nur mit Ihren persönlichen Maßstäben messen.

c) Unspezifische Ausdrücke

Wer kennt sie nicht, Sätze wie „Sie hat mir gesagt, daß es so enden würde." „Sie mögen mich nicht." „Er weist mich ab."

Sie als Zuhörer können nun zustimmen und sich Ihre eigenen Gedanken darüber machen, wer „sie" wohl sein mag und wie „es" endete. Die Frage ist nur: Inwieweit stimmen Ihre eigenen Vorstellungen und Phantasien mit dem überein, was Ihr Partner ausdrücken will?

Sie können natürlich auch abschalten und an andere, erfreuliche Dinge denken. Wenn Ihnen aber an Ihrem Partner und dem Gespräch gelegen ist, dann fragen Sie doch einfach wieder nach:

Wer sind „sie"?
Was endet wie?

d) „Im Gefrierschrank"

Diese Form der Auslassung ist besonders interessant, weil sie so unauffällig erscheint. Im normalen Gespräch wird sie leicht überhört — und am Ende wundern Sie sich vielleicht über das Gefühl der Machtlosigkeit, das Sie langsam beschleicht . . .

Typische Sätze sind „Ich bekomme keine Anerkennung." „Ich habe alles Vertrauen verloren." — Das Vertrauen wird hier wie eine Geldbörse behandelt — wenn man es verloren hat, ist es weg. Man geht damit um, als wäre es ein Gegenstand. Dabei wird aber der Prozeß, daß jemand einem anderen in einer bestimmten Art und Weise vertraut, sozusagen „eingefroren" und zum Gegenstand, zum Ereignis gemacht.

Ein Ereignis geschieht zu einer bestimmten Zeit und ist danach abgeschlossen. Der Ausgang ist festgelegt, und wir können im nachhinein nichts unternehmen, um ihn zu ändern.

In einen fortlaufenden Prozeß dagegen kann man jederzeit eingreifen. Indem man solche Prozesse aber als Ereignisse beschreibt, verliert man die Kontrolle darüber und macht sich selbst handlungsunfähig.

Dasselbe geschieht, wenn jemand behauptet „Die Spannung baute sich im Raum auf" — als würde ein Handwerker etwas im Zimmer installieren. Der Sprecher benutzt das Wort „Spannung" wie eine Sache und vergißt dabei zu erwähnen, wer sich in welcher Situation wie angespannt hatte.

Dies sind unauffällige Auslassungen. Sie sprechen über Gegenstände, die keine sind, und stellen sie damit als unveränderliche Tatsachen dar. Wenn sich Spannung erst einmal aufgebaut hat, ist sie da, und es wird schwer sein, sie wieder abzubauen (womit?).

Wenn jemand dagegen sagt: „Ich bemerkte, wie ich mich angespannt habe, als die Rede auf dieses Thema kam", kann er die Situation relativ leicht selbst wieder verändern, indem er sich *ent*spannt, tief atmet und seine Schultern lockert.

Beispiele für solche „eingefrorene Prozesse" gibt es zahlreich:

Zurückweisung	Wer weist wen zurück?
Anerkennung	Wer erkennt wen/was an?
Widerstand	Wer leistet wem/was Widerstand
Beziehung	Wer bezieht sich wie auf wen?

Wenn Sie nicht ganz sicher sind, wie Sie solche „Eisblöcke" erkennen, achten Sie zunächst einmal nur auf die Wörter, die auf „-ung" enden. Jedes von ihnen kann man „auftauen": zum Beispiel Erfahrung, Haltung, Meinung, Einstellung, Überzeugung, Unterstützung, Trennung . . .

Bei anderen „eingefrorenen Wörtern" fragen Sie sich einfach, ob es eine Möglichkeit gibt, diesen Eisblock als Vorgang oder Prozeß zu beschreiben:

z.B.	Kritik	Wer kritisiert wen/weswegen?
	Streit	Wer streitet mit wem worüber?
	Unglück	Wer ist worüber unglücklich?
	Mut	Wer ist wann mutig?
	Hilfe	Wer hilft wem?

2. Selbstauferlegte Einschränkungen

Bis hierher haben wir uns vor allem auf die Auslassungen konzentriert, die wir in fast jedem Gespräch, in fast jedem Satz verwenden. Indem wir Dinge weglassen, reduzieren wir unsere (Erfahrungs-)Welt auf Ausmaße, mit denen wir gut umgehen können. Dies ist in vielen Bereichen sinnvoll, z.B. wenn wir einem anderen in begrenzter Zeit unsere Erfahrungen mitteilen wollen. Wir konzentrieren uns dann auf das Wesentliche und lassen die unwichtigen, nebensächlicheren Einzelheiten weg.

Die Reduktionen, die wir so ständig vornehmen, können aber auch zur selbstauferlegten Einschränkung werden. Indem wir bestimmte Informationen vernachlässigen, verleugnen oder umformen, hemmen wir unsere eigene innere Beweglichkeit. Dies gilt vor allem für Aussagen über die Unmöglichkeit, bestimmte Dinge zu tun ("Ich kann/darf/soll nicht") und für ungeprüfte Verallgemeinerungen („Keiner mag mich.") Diese beiden Formen sprachlicher Selbsteinschränkung, die zu einer starren inneren Haltung führen, werden wir nun etwas genauer unter die Lupe nehmen.

a) „Ich kann/darf/soll nicht"

„Das kann ich meiner Mutter nicht erzählen! Ich kann ihr das nicht antun. Da muß ich mich einfach anpassen und ihr zustimmen."

Wer als Zuhörer auf solche Äußerungen mit guten Ratschlägen reagiert, wird früher oder später wahrscheinlich frustriert aufgeben, wenn sein Partner mit immer neuen „Muß" und „Kann" aufwartet. Die Situation ist ähnlich der, wenn Sie einem Eskimo von der brütenden Mittagshitze erzählen wollen, die an einem Sommertag in Italien herrscht. Er wird Sie auch nach einer ausführlichen Beschreibung nicht verstehen können, weil dieser Bereich „Mittagshitze" in seiner Erfahrungswelt nicht existiert.

Auch Ihr Partner lebt in einer eingeschränkten Erfahrungswelt, für die er allerdings — anders als der Eskimo — selbst verantwortlich ist. Dies wird ihm nur in der Regel nicht bewußt sein, und genau an diesem Punkt können Sie im Gespräch anknüpfen.

Wenn Ihr Gesprächspartner behauptet „Ich kann ihr das nicht erzählen!", bietet sich sofort die Frage an "... sonst passiert was?" Mit anderen Worten, Sie fragen nach den Konsequenzen der „unvorstellbaren Tat". Dadurch bekommen Sie Informationen über die Einschränkungen des Sprechers — vielleicht will er den Zorn seiner Mutter nicht herausfordern und paßt sich deshalb ihren Erwartungen an. Es kann aber auch passieren, daß Ihr Gegenüber plötzlich bemerkt, daß die Folgen gar nicht so unvorstellbar wären und daß er ohne rechten Grund auf seinem ,,Ich kann nicht'' beharrt. Oft nehmen wir eine große Zahl solcher Einschränkungen aus der Kindheit mit ins Erwachsenenalter, ohne sie auch nur einmal auf ihren Wahrheitsgehalt oder ihre tatsächliche Bedrohlichkeit zu überprüfen. Diese Einschränkungen nehmen allmählich die Eigenschaft von ,,Fossilien'' an; sie versteinern zusehends und erscheinen dadurch erst recht unantastbar.

Vielleicht war es für den Sprecher in seiner Kindheit gefährlich, den Zorn seiner Mutter herauszufordern, weil er noch direkt auf sie angewiesen war und sich nicht gegen sie wehren konnte. Heute dagegen, als Erwachsener, hat sich die Situation für ihn deutlich geändert. Der Zorn seiner Mutter ist nicht mehr so bedrohlich − außerdem ist es wahrscheinlich, daß sich auch die Mutter in all den Jahren geändert hat und heute vielleicht ganz anders reagieren würde. Das heißt, die Katastrophenerwartung müßte erst einmal überprüft werden, ob sie überhaupt (noch) zutrifft.

Sie können also scheinbar unantastbare Sätze wie ,,Ich kann/darf/soll nicht . . .'' relativ einfach auf den Boden der Realität zurückholen, wenn Sie nach den Konsequenzen fragen:

,,Was würde passieren, wenn du es versuchen würdest?''

,,Was hindert dich daran?''

Vielleicht erkennt Ihr Partner durch dieses einfache Nachfragen schon, daß das ,,Hindernis'' gar nicht so unüberwindlich ist. Und selbst wenn er nicht auf Anhieb die Zusammenhänge durchschaut, können Sie im weiteren Gespräch darauf eingehen, um herauszufinden, was an dieser Konsequenz für Ihren Partner so schrecklich wäre, daß er es um jeden Preis vermeiden will. Vielleicht entpuppt sich das gefürchtete Gewitter ja als angenehm kühler Lufthauch in der Mittagshitze . . .

Übrigens − diese Einschränkungen kommen wahrscheinlich

nicht nur bei Ihren Gesprächspartnern, sondern auch bei Ihnen selbst vor. Damit Sie nicht nur bei anderen nach Splittern suchen und den Balken im eigenen Auge übersehen, achten Sie auch bei dem, was *Sie* sagen, auf Aussagen wie ,,Ich kann nicht . . .''. Wenn Sie sich dabei ertappen, fragen Sie sich selbst genauso: ,,Was würde geschehen, wenn ich es tun würde? Was hält mich davon ab?'' Vielleicht hält Sie weniger ab, als Sie denken . . .!

b) ,,Keiner mag mich''

Indem wir persönliche Erfahrungen verarbeiten, zimmern wir unser Weltbild. Jede neue Erfahrung ist wie ein neuer Mosaikstein und wird in das entstehende Bild eingefügt.

Manche dieser Mosaiksteine erhalten jedoch von uns mehr Gewicht als andere: Wir verallgemeinern gewisse Erfahrungen.

Stellen Sie sich vor, ein Kind fragt seinen Vater etwas, wenn dieser abgearbeitet und müde nach Hause kommt. Das Kind bekommt keine Antwort. Daraus kann es entweder lernen, daß es ungünstig ist, den abgearbeiteten Vater etwas zu fragen, weil man dann keine Antwort bekommt. Das wäre eine angemessene und zutreffende Schlußfolgerung. Wenn das Kind aber in Zukunft überhaupt nicht mehr wagt, dem Vater irgendeine Frage zu stellen, ist dies eine unangemessene Verallgemeinerung. Falls dieser Mensch sich als Erwachsener nicht mehr traut, irgend jemandem eine Frage zu stellen, ist die Verallgemeinerung noch umfassender und einschränkender geworden.

Verallgemeinerungen sind also insofern selbstauferlegte Einschränkungen, als sie einen Verlust an Details und Fülle der ursprünglichen Erfahrung bewirken. Das hindert uns, Unterscheidungen zu treffen, und führt so zu eingeschränkten Wahlmöglichkeiten: Wir reagieren gleich, obwohl sich die Situationen voneinander unterscheiden. (Der Vater würde, sobald er sich ausgeruht hat, seinem Kind sicher gerne Fragen beantworten.)

Gleichzeitig kann durch Verallgemeinerungen eine spezifische schmerzliche Erfahrung zu einer Verfolgung durch alle Welt erweitert werden. Zum Beispiel kann ein enttäuschter junger Mann die spezifische Erfahrung ,,Meine Freundin hat mich zurückgewiesen'' ausdehnen zu ,,Frauen mögen mich nicht'' oder sogar zu ,,Keiner mag mich''.

Wie können Sie als Zuhörer und Gesprächspartner auf solche Verallgemeinerungen reagieren?

Erinnern Sie sich noch einmal an das, was wir über ihre Entstehung sagten. Jede Generalisierung stammt von einer spezifischen Erfahrung, von einem ganz bestimmten Mosaiksteinchen. Durch die Verallgemeinerung wird dieses Steinchen quasi ,,aufgeblasen'', so daß es große Bereiche des ganzen Mosaiks verdeckt. Das ,,aufgeblasene Steinchen'' hat unter Umständen gar nicht mehr soviel mit dem ursprünglichen zu tun. (,,Vater hat mich geschimpft'' wird so zu ,,Männer sind gefühllos''.)

Konkret bedeutet das, daß Sie versuchen können, die Verallgemeinerung wieder mit der speziellen Erfahrung zu verknüpfen, von der sie ursprünglich stammt. Durch einfaches Nachfragen gelingt es meist recht schnell, die ,,Luft'' aus diesem aufgeblasenen Steinchen herauszulassen, so daß es wieder zu seiner angemessenen Größe schrumpft.

Wenn Ihr Gesprächspartner sich beispielsweise beklagt ,,Keiner versteht mich!'', können Sie diese Verallgemeinerung auf den Boden der Realität zurückholen, indem Sie ihn fragen: ,,Wirklich niemand?'' ,,Gab es irgendwann einmal jemand, der dich verstanden hat?''

Auf Fragen solcher Art folgt häufig zunächst ein verblüfftes Schweigen, bis dann zögernd die Antwort kommt: ,,. . . Doch schon . . . eigentlich gab es mal jemand . . .''

Dieses einfache Fragen nach Widersprüchen, Ausnahmen von der Regel und Gegenbeispielen wirkt bei *allen* Generalisierungen. (Wie würden Sie übrigens diesen letzten Satz knacken? Genau: Sie fragen, ob es schon einmal *nicht* gewirkt hat. Unsere Antwort dazu ist: Nach unserer Erfahrung hat es bisher immer funktioniert.)

Ebenso wie bei ,,Ich kann/darf/soll nicht . . .'' gibt es auch für Verallgemeinerungen bestimmte Signalwörter. Wenn Sie diese Wörter hören (bei sich selbst oder bei anderen), sollte in Ihrem Kopf sozusagen ein rotes Alarmlämpchen aufleuchten . . .

Signalwörter sind zum Beispiel:

Keiner hat Verständnis für mich.
Mein Chef ist *immer* gereizt.
Sie hört mir einfach *nie* zu.
Nichts klappt bei mir − *alles* geht schief!
An den letzten Urlaub habe ich *nur* schlechte Erinnerungen.

3. Verformungen

Wir haben bereits gesagt, daß wir unser Weltbild aus vielen einzelnen Erfahrungen wie ein Mosaik zusammenbauen. Manche der ,,Mosaiksteine'' sind uns wichtiger als andere, wir rücken sie also mehr ins Zentrum des Bildes. Vielleicht vergrößern wir auch einige davon: wir ,,blasen sie auf'', wie wir es im letzten Abschnitt über Verallgemeinerungen beschrieben haben.

Nun kann es natürlich geschehen, daß wir Mosaikteilchen finden, das heißt Erfahrungen machen, die scheinbar nicht in unser Bild hineinpassen. Diese ,,Teilchen'' können wir dann nicht einfach verschwinden lassen, denn Erfahrungen kann man nicht (oder nur unter großer psychischer Kraftanstrengung) aus dem Bewußtsein verdrängen.

Es gibt aber noch andere Möglichkeiten, diese Erfahrungs-Bausteine doch in das entstehende Bild einzubauen: Entweder wir ändern unser (Welt-)Bild und integrieren die neuen Erfahrungen − oder wir ändern die Erfahrungen.

Jede unserer persönlichen Erfahrungen ist subjektiv, deshalb können wir sie auch verändern. Die Realität ist so, wie sie ist

– das heißt aber nicht, daß es nur eine Möglichkeit gibt, sie wahrzunehmen und zu erfahren. Gut bekannt ist hier das Beispiel vom zur Hälfte gefüllten Glas, das der eine als „halb leer", ein anderer dagegen als „halb voll" bezeichnet.

Wir können zwar die Realität – das zur Hälfte gefüllte Glas – nicht ändern, wohl aber unsere Erfahrung der Realität.

Zurück zu unserem Mosaik und den „unpassenden" Teilchen: Erfahrungsgemäß ändern die meisten Menschen lieber die einzelnen neuen Teilchen – sie formen sie zur passenden Größe um –, als daß sie das ganze Bild umbauen. Denn dies wäre ein ungleich größerer Aufwand, und wer nimmt schon gerne freiwillig Mühen auf sich, nur um am Ende zu bekennen, daß sein bisheriges Weltbild falsch war . . . Da werden lieber die einzelnen Mosaiksteinchen zurechtgeformt, um sie in das Bild einbauen zu können.

Diese Umformungen fallen häufig kaum auf, und ein ungeübter Beobachter würde nur sehr schwer erkennen, daß hier etwas zurechtgebastelt wurde, was ursprünglich anders aussah. Oft fällt es am Ende nicht einmal mehr dem Mosaik-Eigentümer selbst auf, und er vergißt seine Änderungsarbeit. (Diese geschieht ohnehin häufig unbewußt.)

Deshalb wollen wir nun Ihre Augen und Ohren etwas schärfen und Ihnen Möglichkeiten zeigen, wie Sie von der „umgeformten" zurück zur ursprünglichen Erfahrung gelangen.

a) „Er macht mich unglücklich!"

„Deine Unpünktlichkeit macht mich rasend." „Seine Stimme irritiert mich." „Das schlechte Wetter macht mich ganz trübselig." „Er jagt mir Angst ein". „Er macht mich unglücklich."

Bei all diesen Sätzen wurde eine relativ unauffällige, aber sehr wirkungsvolle Umbauarbeit geleistet. (Oft bemerkt der Sprecher sie nicht einmal!)

Alle Sätze haben das gleiche Grundmuster: Jemand handelt (kommt zum Beispiel zu spät), und der Sprecher reagiert mit einem Gefühl (wird wütend). In manchen Beispielen geht es nicht einmal um eine Handlung, sondern um eine Tatsache (schlechtes Wetter), auf die ebenfalls mit einem Gefühl (trübselig) geantwortet wird.

Scheinbar handelt es sich dabei um einen Ursache-Wirkungs-Zusammenhang. ,,Weil du zu spät kommst, werde ich wütend.'' Dieser kausale Zusammenhang − und hier nähern wir uns dem ursprünglichen Mosaiksteinchen − ist aber wirklich nur scheinbar. In der Realität besteht einzig und allein ein zeitlicher Zusammenhang.

Dies läßt sich einfach beweisen: Bei kausalen Zusammenhängen gibt es bei einer gegebenen Ursache nur *eine* Wirkung. Wenn ich einen Stein hochhebe und loslasse, fällt er nach unten. Es gibt nur diese Möglichkeit − der Stein kann nicht nach oben fallen oder in der Luft schweben.

Auf die Tatsache, daß jemand zu spät kommt, können Sie aber ganz verschieden reagieren: Sie können sich aufregen, es ignorieren, akzeptieren, die Zeit anders nutzen . . .

Diese Wahlmöglichkeiten bleiben Ihnen jedoch verschlossen, wenn Sie nach dem Ursache-Wirkungs-Schema reagieren: Weil er zu spät kommt, werde ich wütend.

Wenn Ihr Gesprächspartner also mit Aussagen nach dem Motto ,,Er macht mich unglücklich'' kommt, prüfen Sie kurz innerlich nach, ob es sich hier nur um einen *scheinbar* kausalen Zusammenhang handelt − könnte Ihr Partner auch anders reagieren? Fragen Sie dann nach: ,,Wie macht er dich unglücklich?'' ,,Wie schafft er es durch seine Unpünktlichkeit, daß du wütend wirst?''

Durch Fragen nach dem Prozeß, der zu der gefühlsmäßigen Reaktion ,,Wut'' führt, können Sie Ihren Partner zu seiner Eigenverantwortlichkeit zurückführen. Unsere Gefühle entstehen in uns, und kein anderer außer uns selbst ist dafür verantwortlich. In dem Moment, wo wir das erkennen, ist der Ursache-Wirkungs-Kreislauf durchbrochen. Wir können uns dann darauf konzentrieren, wie wir in dieser Situation anders reagieren können, um effektiver mit ihr umzugehen.

b) „Hellsehen"

Mosaiksteinchen aus der Abteilung „Hellsehen" sind sehr beliebt, weil sie sich einfach in jedes Weltbild einbauen lassen. Man könnte das „Hellsehen" auch als schlechte Gewohnheit bezeichnen, Schlußfolgerungen ohne echte Grundlage zu ziehen. Das Ergebnis sind dann Sätze wie „Du kümmerst dich nie um meine Gefühle". „Du liebst mich nicht." „Du weißt doch, daß du mich damit verletzt!"

Der Sprecher macht also Aussagen darüber, was ein anderer Mensch denkt oder fühlt. Dabei bleibt allerdings im dunkeln, wie er zu diesem Wissen gelangt ist – nämlich indem er eine Situation aus seinem eigenen Blickwinkel beurteilt und von seiner Reaktion auf die des anderen schließt. Der Sprecher hat also bereits im voraus entschieden, wie ein anderer denkt oder fühlt. Auf diese „Tatsache" reagiert er nun, ohne zu berücksichtigen, daß der andere womöglich anders denkt, fühlt und handelt.

Wenn nun Ihr Gesprächspartner behauptet „Er weiß doch, wie unglücklich ich bin!", können Sie ihn einfach fragen: „Woher soll er wissen . . ." oder „Wie kann er wissen, daß du unglücklich bist?"

Durch „Hellsehen" kann ein Mensch systematisch vermeiden, seine eigenen Gedanken oder Gefühle auszudrücken – weil er ja behauptet, daß die anderen wissen (sollten), wie es ihm geht. Wenn Sie hier nachfragen „Wie können die anderen das wissen? Hast du darüber gesprochen?", können Sie ihn darauf aufmerksam machen, daß seine Annahme nicht unbedingt der Realität entspricht.

Nach unserer Auffassung ist die Annahme falsch, daß jemand die Gedanken und Gefühle anderer „hellsehen" könne (und umgekehrt). Sie ist eine Quelle vieler zwischenmenschlicher Schwierigkeiten, Mißverständnisse und Enttäuschungen.

Wenn Sie also bei sich selbst oder bei anderen auf Aussagen vom Typ „Hellsehen" stoßen, fragen Sie zuerst, wie dieses Wissen gewonnen wurde. „Woher weißt du, daß er dich nicht liebt?" Die Antworten werden Ihnen und Ihrem Partner wertvolle Informationen liefern − wenn sie auch vielleicht noch in Verallgemeinerungen verpackt sind („Er hört mir ja nie zu!"), im luftleeren Raum schweben („Er ist so unaufmerksam, einfach schrecklich!") oder gar im Gefrierschrank liegen („Diese ständigen Zurückweisungen . . .").

Aber solche Äußerungen können Ihnen inzwischen ja nichts mehr anhaben . . .

c) „Ewige Wahrheiten"

„Ewige Wahrheiten" sind Urteile und Bewertungen, bei denen unklar bleibt, wer anhand welcher Kriterien das Urteil fällt. Man könnte sie auch als eine besondere Form der Auslassung betrachten, denn hier ging sozusagen der „Beurteiler" oder der „Maßstab" verloren. Dadurch erlangen solche Bewertungen ein Gewicht, das ihnen bei rechter Betrachtung gar nicht zukommt. Sie scheinen unumstößlich − allerdings nur für den ungeübten Zuhörer.

Manche dieser allgemeinen Urteile sind sehr leicht zu erkennen, andere schwieriger. „Das ist der einzig richtige Weg", „Ich sollte besser nach Hause gehen", „Kommunisten sind schlechte Menschen", „Alle Psychologen sind selbst verrückt" − abgesehen davon, daß sich bei einigen dieser Sätze wieder Verallgemeinerungen eingeschlichen haben, sind sie alle Beispiele von Urteilen im Sinne der „ewigen Wahrheiten". Die Stichwörter für Ihr rotes Alarmlämpchen, sind hier: gut, schlecht, richtig, besser, krank, verrückt, wahr, falsch usw.

Wenn Sie diese Aussagen auf dem Hintergrund der Bewertung einschätzen wollen, vor dem sie abgegeben werden, kön-

nen Sie z.B. fragen: ,,Wer sagt das?" Sie fragen so nach
demjenigen, der diese Behauptung aufgestellt, das Urteil abgegeben hat. Oft sind Urteile dieser Art ja übernommen worden,
ohne daß ihr Absolutheitsanspruch in Frage gestellt wurde.

Wenn Sie dann noch bei Behauptungen wie ,,Psychologen
sind selbst verrückt" fragen: ,,Woher weißt Du, daß sie verrückt sind?" oder ,,Verrückt im Vergleich zu wem?", holen
Sie diese Aussagen aus ihrer luftigen Höhe zurück auf den Boden der Tatsachen. Erst dann wird ein fruchtbares Gespräch
möglich.

,,Hilfe, Kreuzverhör!"

Sie haben nun eine ganze Reihe von Möglichkeiten kennengelernt,
wie Sie mit einfachen Fragen effektiv Information sammeln können. Diese Hilfen können Sie in jedem Gespräch
anwenden, sei es zu Hause, am Arbeitsplatz oder bei anderen
Diskussionen.

Sie können all das natürlich auch wieder benutzen, um sich
unbeliebt zu machen, indem Sie Ihrem Partner das Gefühl vermitteln, in ein Kreuzverhör geraten zu sein. Dazu brauchen Sie
ihm nur aufmerksam zuzuhören – Sie werden in vielen Sätzen
Verallgemeinerungen, Auslassungen oder Umformungen finden. Nun müssen Sie sich lediglich auf jede einzelne davon
stürzen und die jeweiligen Fragen mit der passenden ,,Oberleh-
rerstimme" an Ihren Partner richten. Selbst der Geduldigste
wird sich nach einem Dutzend solcher Fragen irritiert fühlen
oder ärgerlich werden . . . sofern er nicht ohnehin schon sehr
schweigsam geworden ist.

,,Kreuzverhör"

Wenn Sie die Fragen dagegen nutzen wollen, um mehr über Ihren Partner und sein Weltbild zu erfahren, damit Sie sich besser auf ihn einstellen können, hier einige Tips:

1. Bevor Sie anfangen zu fragen, achten Sie darauf, ob Sie einen „guten Draht" zu Ihrem Partner haben. In den ersten beiden Kapiteln haben wir ausführlich beschrieben, wie Sie diesen „Draht" finden können. Deshalb hier nur noch einige Erinnerungshilfen. Achten Sie auf

   - Körperhaltung
   - Gesten
   - Sprechrhythmus
   - Tonlage
   - Lieblingskanal
   - . . .

Wenn Sie diesen guten Kontakt zu Ihrem Partner haben, ist die Gesprächsbasis geschaffen.

2. „Der Ton macht die Musik."
   Stellen Sie kein Kreuzverhör an, sondern fragen Sie respektvoll und mit angemessener, einfühlsamer Stimme. Zeigen Sie Interesse. Sie wollen schließlich mehr über Ihren Partner und seine Gedanken und Gefühle erfahren, und dazu brauchen Sie sein Vertrauen. Es geht nicht darum, Ihren Partner übers Ohr zu hauen oder ihm seine Unwissenheit zu demonstrieren — Sie wollen gemeinsam mit ihm etwas über ihn und sein Weltbild herausfinden.

3. Stellen Sie Ihre Fragen zum richtigen Zeitpunkt. Achten Sie darauf, wo Ihr Partner mit seiner Aufmerksamkeit ist. Wenn er gerade nach innen hört, wird Ihre Frage ihn unterbrechen und irritieren. Hetzen Sie ihn (und sich) nicht, sondern warten Sie, bis er bereit ist, auf Ihre Fragen einzu-

gehen. Vielleicht ist es notwendig, den ersten Wortschwall erst einmal anzuhören, bevor Sie dazwischenfragen.

Denken Sie daran: *Eine* gutplazierte Frage ist mehr wert als zehn andere, auf die Ihr Partner nicht reagiert.

4. Stellen Sie Ihre Fragen nicht sachlich wie ein Polizist oder Oberlehrer. Verwenden Sie Einleitungen, wie „Ich frage mich, ob . . .‟ „Mich würde interessieren . . .‟ „Kannst du mir sagen . . .‟

Manchmal ist es auch sinnvoll, erst zu wiederholen, was Ihr Partner gesagt hat − vielleicht mit Ihren eigenen Worten −, damit er das Gefühl bekommt, gehört und verstanden worden zu sein. „Du meinst also, daß er dich nicht leiden kann. Mich würde interessieren, woraus du das schließt.‟

5. Entscheiden Sie, *wo* Sie nachfragen wollen. Es ist nicht nötig, alle Verallgemeinerungen zu „knacken‟. Welche Informationen sind Ihnen wirklich wichtig?
Oft kann man auf einen Satz mit mehreren Fragen reagieren. Entscheiden Sie sich für eine davon, je nachdem, was Ihnen wichtiger erscheint.

Ein Beispiel: „Ich weiß nicht, wie ich einen guten Eindruck auf die Leute machen soll.‟

Sie können fragen:

„Auf *welche Leute* wollen Sie einen guten Eindruck machen?‟
„Was genau heißt ‚einen *guten* Eindruck machen‘?‟
„Wen wollen Sie *beeindrucken*?‟

6. Nehmen Sie das Ganze nicht als schwierige Lebensaufgabe, sondern gehen Sie locker und spielerisch daran. Schließlich geht es nicht darum, Ihre Mitmenschen zu perfekten Informationslieferanten zu machen, sondern leichter mit ihnen

ins Gespräch zu kommen und sich besser zu verstehen. Gönnen Sie sich und den anderen diesen Spaß.

4. Kapitel

Botschaften der Gefühle
oder
Was Gefühle uns sagen können

„Wie geht es Ihnen?" „Wie fühlen Sie sich?" — Auf diese Fragen antworten viele von uns gewohnheitsmäßig mit „gut", ohne auch nur einen Augenblick darüber nachzudenken, wie es ihnen wirklich geht. Die Frage nach dem Befinden wird zum Höflichkeitsritual. Wer weiß denn schon, ob sich der andere eigentlich dafür interessiert, wie es mir in Wirklichkeit geht?

Wir interessieren uns dafür — und deshalb geht es in diesem Kapitel um Gefühle:

- woher sie kommen
- was sie uns sagen können
- wie sie auf unser Verhalten wirken
- wie wir sie „aufspüren" können und
- wie wir sie als Kraftquelle nutzen können.

Gehen wir einmal davon aus, daß sich Ihr Gesprächspartner wirklich dafür interessiert, wie es Ihnen geht (und die Frage nicht nur aus Höflichkeit stellt). Wie oft sagen Sie in solchen Situationen nur „Danke, gut" oder „Ich fühle mich ziemlich schlecht"? Sehen wir für den Moment einmal von dem qualitativen Unterschied ab, den es macht, ob Sie sich „gut" oder „schlecht" fühlen. Beide Aussagen haben etwas sehr Wesentliches gemeinsam: Beide sind eine Bewertung, ein Urteil darüber, wie es Ihnen geht.

Ihr Gesprächspartner erfährt also nichts darüber, wie Sie sich *wirklich* fühlen — ob müde, erfrischt, aufgeregt, gereizt, nervös, gelassen, zuversichtlich . . . es gibt ja unzählige Möglichkeiten. Sie teilen ihm nur das Endprodukt eines Bewertungsprozesses mit. Dabei bleibt aber im dunkeln, welchen

Bewertungsmaßstab Sie anlegen und nach welchen Kriterien Sie etwas als „gut" oder „schlecht" beurteilen.

Mit Ihrer Antwort „gut/schlecht" geben Sie gewissermaßen den Startschuß für ein Ratespiel. Ihr Partner muß, um Sie überhaupt verstehen zu können, Ihre Worte mit *seiner* Bedeutung füllen. Das bedeutet, er geht von seinen eigenen Kriterien und Bewertungsmaßstäben aus, von dem, was für *ihn* „gut" oder „schlecht" heißt, und nun kann er anfangen zu raten, ob diese auf Sie zutreffen . . .

Wenn er allerdings merkt, auf welch unsichere Geschichte er sich da einläßt, kann er sich recht einfach aus der Patsche helfen, indem er nachfragt: „Wie meinst Du das?" „Was heißt für dich gut?" So bekommt er genauere Informationen. Und nicht nur er bekommt sie − wenn Sie seine Frage beantworten, erhalten Sie auch gleichzeitig Informationen über sich selbst. Vielleicht haben Sie zuvor selbst nicht so genau gespürt, wie es Ihnen eigentlich geht, und können sich nun darauf konzentrieren und Ihrem Gefühl „nachspüren".

Dieses Nachspüren kann Ihnen wertvolle Hinweise liefern, wie Sie mit Ihren Gefühlen besser umgehen können und was Sie in einem ganz bestimmten Augenblick brauchen. Wenn Sie z.B. merken, daß „Mir geht's schlecht" in einer bestimmten Situation bedeutet, daß Sie sich gelangweilt fühlen, ist der Ausweg aus der Misere schon wesentlich klarer: Sie können sich nun darauf konzentrieren, wie Sie die Situation interessanter gestalten.

Oder Sie finden heraus, daß „schlecht" in einer anderen Situation „unsicher" bedeutet: Nun können Sie versuchen, sich Unterstützung zu holen, um sicherer zu werden, und so angemessen auf Ihr Gefühl reagieren.

Beide Auswege wären Ihnen aber nicht von vorneherein zugänglich gewesen, hätten Sie sich mit dem anfänglichen „Mir geht's schlecht" zufriedengegeben.

Inzwischen ist Ihnen sicher schon aufgefallen: Für dieses Nachfragen brauchen Sie nicht unbedingt einen Partner! Wir benutzen das Gesprächsbeispiel in diesem Zusammenhang, weil es anschaulicher ist. Sie können Ihre Nachforschungen aber durchaus alleine betreiben, wenn Sie sich selbst nicht mit oberflächlichen Aussagen wie „Mir geht's gut" zufriedengeben wollen. Solche „Privatgespräche" – was heißt eigentlich „gut", wie könnte ich dieses Gefühl anders in Worte fassen . . . – bedeuten meist schon den ersten Schritt zur Klärung.

Bis hierher haben wir also festgestellt, daß Urteile über unsere Gefühle (gut/schlecht) nicht dasselbe sind wie diese Gefühle selbst (Angst, Freude, Ärger, Glück . . .).

Eine zweite Unterscheidung ist ebenfalls wichtig: Unsere Gefühle sind *nicht* identisch mit dem konkreten Verhalten, das sie „antreiben".

Gefühl und Verhalten

Ein Beispiel dafür ist ein quengeliges Kind, das mit allen Mitteln versucht, die Aufmerksamkeit seiner Eltern auf sich zu lenken – teilweise durch Aktionen, von denen es genau weiß, daß sie den Zorn der Eltern herausfordern. Dieses Kind fühlt sich aber wahrscheinlich weniger „quengelig" sondern vielmehr allein oder ausgeschlossen. Dieses Gefühl des Alleingelassenseins beinhaltet den Wunsch nach Zuwendung und Kontakt und führt dann zum Quengeln. Das Kind will auf irgendeine Weise Kontakt finden – und wenn es im Streit ist. Das Gefühl des Alleinseins läßt sich also deutlich abgrenzen von dem daraus folgenden Verhalten „Quengeln".

Erinnern Sie sich noch einmal an unser Modell aus dem ersten Kapitel. Dort hatten wir unterschieden zwischen *Gefühl* und *Handeln*, *Bewegen*, *Sprechen*, *Denken* und der allgemeinen *Reaktion*. Diese Funktionen beeinflussen sich zwar gegenseitig, sie laufen ganzheitlich ab, dennoch sind sie verschieden voneinander. Die Trennung von *Gefühl* und *Verhalten* beispielsweise gewinnt entscheidende Bedeutung, wenn Sie eines von beiden verändern wollen.

Um ein Gefühl zu verändern, ist die Verhaltensänderung oft der erste Schritt. Die Übung zur Körperhaltung im zweiten Kapitel zeigt Ihnen das sehr deutlich. Nehmen wir an, Sie fühlen sich mutlos und niedergeschlagen. Wahrscheinlich sitzen Sie dabei mit hängenden Schultern, vorgebeugt und in sich zusammengesunken. Ändern Sie nun Ihr Verhalten, stellen Sie sich aufrecht hin, mit beiden Füßen fest auf dem Boden, schauen Sie sich um und atmen Sie mehrmals tief durch. Nach sehr kurzer Zeit wird sich Ihre Stimmung geändert haben – vor allem wenn Sie nun noch flotte Musik auflegen, sich bewegen und tanzen!

Andererseits gilt auch: Um Verhalten ändern zu können, müssen sich oft erst die Gefühle ändern. Ein Beispiel dazu könnte eine konfliktreiche Beziehung zu einem Freund sein. Wenn es gerade mal wieder ,,gefunkt" hat und Sie ihm mit dem entsprechend feindseligen, gereizten Gefühl begegnen, wird sich das in Ihrem Verhalten widerspiegeln und dafür sorgen, daß die Beziehung von Ihrer Seite aus gespannt bleibt. Wenn Ihr Freund mit einer ähnlichen Stimmung kommt, gilt das umgekehrt natürlich auch für ihn.

Wenn Sie aber vor der nächsten Begegnung Ihre Gefühle ihm gegenüber geklärt haben, werden Sie sich danach ganz sicher auch anders verhalten.

,,Gefühle klären" kann für jeden etwas anderes bedeuten, weil dabei jeder seinen eigenen, persönlichen Weg hat. Eine Möglichkeit ist, erst einmal die positiven und negativen Gefühlsanteile auseinanderzudividieren: Was mag ich an ihm/ ihr? Was stört mich? Was haben wir gemeinsam schon Schönes erlebt? Worüber habe ich mich geärgert? . . . usw. Schon diese einfache Trennung des ,,Gefühlssalats" kann Sie einen großen Schritt weiterbringen. Vielleicht hatten Sie zuvor die positiven Seiten Ihrer Beziehung in den Hintergrund gedrängt und momentan vergessen? Auf jeden Fall ist es konstruktiver, beide Seiten der Medaille zu betrachten, statt nur in Ärger und Groll steckenzubleiben.

Der nächste Schritt könnte dann die Überlegung sein: „Was wollen wir voneinander?" „Was sind meine Interessen, was seine/ihre? Welche (positive) Absicht hat jeder von uns?"

Wenn Sie in dieser Phase feststellen, daß Sie eigentlich nichts voneinander wollen, hat sich das Problem schon merklich entschärft. Die Beziehung ist nicht „lebenswichtig" für Sie, und allein deshalb können Sie dem anderen gelassener begegnen (nach dem Motto: Ich muß ja nicht . . .).

Vielleicht entdecken Sie aber auch, daß Ihnen viel aneinander liegt, daß Ihre Beziehung sehr wichtig ist und daß jeder im Grunde eine gute Absicht verfolgt — nur die Art und Weise, *wie* jeder das tut, führt immer wieder zum Konflikt.

Dann bietet sich eine andere Frage an: Wie kann ich meine gute Absicht *anders* verwirklichen, so daß ich unsere Beziehung damit unterstütze? Dazu ist es natürlich notwendig, daß Sie sich erst einmal über Ihre Absichten genau klarwerden und sich auch nicht unbedingt mit der ersten Idee zufriedengeben. Fragen Sie nach, schauen Sie „hinter" die Absicht — und vielleicht sind Sie überrascht, wie viele Schritte Sie nach „hinten" gehen können, bis Sie zu Ihrer eigentlichen Absicht kommen.

Im fünften Kapitel beschäftigen wir uns unter dem Stichwort „Umdeuten" noch ausführlich damit, wie man neue Wege finden kann, die die ursprüngliche gute Absicht sichern und gleichzeitig für alle Beteiligten sinnvoll und hilfreich sind. Ganz wichtig ist auch, daß die gute Absicht gewürdigt wird — es geht ja nicht darum, sie in der Versenkung verschwinden zu lassen!

Doch wir wollen hier nicht zu weit vorgreifen — an dieser Stelle ging es erst einmal darum, zu verdeutlichen, daß *Gefühl* und *Verhalten* nicht dasselbe sind. Sie lassen sich deutlich voneinander abgrenzen und beeinflussen sich dennoch gegenseitig. Eine Änderung beim einen verändert auch das andere.

Je nach Situation kann es leichter sein, am Verhalten anzusetzen — also einfach etwas anderes zu tun — oder das Gefühl zu klären und damit zu verändern. Weil jeder von uns eine Situation anders erlebt und subjektiv bewertet, kann es dafür keine „Patentrezepte" geben. Das gibt Ihnen aber gleichzeitig die Freiheit zu experimentieren. Sie können dabei Ihrer Intuition vertrauen − oder anders gesagt − nach Lust und Laune Neues ausprobieren.

Übung: Wie gehe ich mit meinen Gefühlen um?

Manche Menschen leben in ständiger Furcht vor Gefühlen großer Intensität. Diese Gefühle sind „Bomben" für sie − deshalb gehen sie auf Zehenspitzen durchs Leben und achten sorgfältig darauf, keine dieser „Bomben" zu zünden. Sie vermeiden Situationen, in denen starke Gefühle auftauchen könnten. Um sich Verletzungen und Zurückweisungen zu ersparen, halten sie auf Distanz und lassen keinen wirklich an sich herankommen. Um sich Mißerfolg und Minderwertigkeitsgefühle zu ersparen, lassen sie erst gar keinen Ehrgeiz aufkommen.

Diese Menschen vermeiden große Bereiche ihres Lebens. Sie schneiden sich von ihrer eigenen inneren Lebendigkeit ab, indem sie alle stärkeren Gefühle unterdrücken oder umgehen.

Andere Menschen verhalten sich fast wie Sklaven ihrer Gefühle. Sie werden häufig von starken Emotionen wie von einer Sturzflut überwältigt und weggeschwemmt. Sie fühlen sich wie ausgeliefert an etwas, das sie nicht kontrollieren können.

Wieder andere Leute haben es sich bequem eingerichtet, indem sie sich auf eine geringe Anzahl vertrauter Gefühle beschränken: ihre guten oder schlechten „Lieblingsgefühle".*
Der Preis, den sie für diese Bequemlichkeit zahlen, ist allerdings ein emotional drastisch reduziertes Leben.

Und dann gibt es noch die, die sich zum Sklaven der Gefühle *anderer* Leute machen. Kennen Sie die Ehefrauen, die nur

---

*) Wie man mit solchen „Lieblings-schlechten-Gefühlen" umgehen kann und sie sich nützlich macht, wird uns in einer Übung im fünften Kapitel noch ausführlich beschäftigen.

glücklich sein können, wenn es ihrem Mann gutgeht (was immer sie darunter verstehen)?

Die kurze Aufzählung zeigt, daß es sehr verschiedene Möglichkeiten gibt, mit seinen Gefühlen umzugehen. Je nach Anlaß gibt es natürlich auch ,,Mischformen'' dieser beschriebenen Kategorien oder noch ganz andere Formen.

Dazu ein kleiner Test:

Nehmen Sie sich einmal kurz Zeit und versuchen Sie, *Ihre* Strategie herauszufinden, wie Sie in der Regel mit Ihren Gefühlen umgehen.

Dabei kann es hilfreich sein, wenn Sie sich nacheinander eine ganze Reihe möglichst verschiedener Situationen vorstellen (mindestens fünf). Erinnern Sie sich zunächst an eine beliebige Situation und vergegenwärtigen Sie sich auch die Einzelheiten — so als würden Sie alles noch einmal erleben.

Wenn Sie alles wieder ganz deutlich gesehen, gehört und gespürt haben, dann beantworten Sie für sich folgende Fragen:

- Wer ist an der Situation beteiligt und in welchem Maße? Wer ist aktiv und gestaltet die Situation mit, wer ist eher passiv?
- Wer hat welche Gefühle?
  (Versetzen Sie sich dazu nacheinander in die Lage jedes einzelnen.)
- Was fühlen Sie selbst?
  In welchem Zusammenhang mit den anderen steht Ihr Gefühl? Wie gehört Ihr Gefühl zur Situation?

Sie können jetzt gleich etwas Neues ausprobieren: Stellen Sie sich vor, Sie hätten in genau dieser Situation ein ganz anderes Gefühl. Statt ärgerlich wären Sie z.B. neugierig, statt mißtrauisch wären Sie gelassen, statt

---

ängstlich selbstsicher ... Bestimmt fallen Ihnen noch mehr „neue" Gefühle ein.

Was würde sich dadurch an der ursprünglichen Situation ändern?

Botschaften der Gefühle

Manche Leute fragen sich (oder den Psychologen): „Warum habe ich dieses Gefühl? Was soll das?" Und vielleicht haben auch Sie sich schon öfter gewundert, was es mit diesem oder jenem Gefühl eigentlich auf sich hat.

Hinter diesen Fragen verbirgt sich das mehr oder weniger bewußte Wissen, daß unsere Gefühle uns etwas vermitteln können. Im folgenden Abschnitt geht es darum, was dieses „Etwas" ist.

Ihre Gefühle können für Sie zur Quelle persönlicher Kraft und Veränderung werden. Indem Sie lernen, die „Sprache der Gefühle" zu verstehen und zu entschlüsseln, können Sie die Energie nutzen, die in jedem Gefühl steckt, um Ihre Lebensziele schneller zu erreichen.

Unsere Gefühle sind also eine sehr sinnvolle „Einrichtung": Sie machen uns auf bestimmte Situationen aufmerksam und darauf, wie wir in diesen Situationen handeln sollten, um unsere eigenen Ziele zu erreichen. Manchmal sind diese Botschaften angenehm, und wir genießen ein Gefühl der Zufriedenheit, Gelassenheit, des Glücklichseins. Manchmal sind es aber auch schmerzhafte, unangenehme „Alarmglocken", die da schrillen: Schuldgefühle, Angst, Trauer, Zorn ... Auch diese unangenehmen Botschaften sind wertvolle Signale, die Ihnen Wege zeigen können, wie Sie Ihre momentane Situation angenehmer und zufriedenstellender gestalten können.

In jedem Gefühl steckt Information über Ihre Bedürfnisse – was Sie im Moment brauchen, um zufriedener und glücklicher zu sein. Der erste Schritt wird also sein, auf diese wertvollen

Botschaften zu achten und zu lernen, die Botschaften zu ,,entschlüsseln''. Danach können Sie angemessen darauf reagieren und die Informationen nutzen.

Dazu einige konkrete Beispiele:

● Ein Gefühl der *Angst* kann Sie darauf aufmerksam machen, daß es in Ihrer Zukunft etwas gibt, worauf Sie sich besser vorbereiten müßten. Vielleicht sind Sie ängstlich, weil Sie vor einer Gruppe sprechen sollen oder weil eine Unterredung mit Ihrem Chef ansteht.

Die Angst zeigt Ihnen zwei Möglichkeiten: Entweder Sie vermeiden diese Situation, oder Sie bereiten sich angemessen darauf vor. Die Vermeidung mag im Moment vielleicht einfacher sein, sie verhindert aber jede Lernmöglichkeit. Das Ergebnis ist eine zunehmende Einengung des eigenen Lebensraums und Ihrer Wahlmöglichkeiten. Wenn Sie sich aber auf das vorbereiten, was angst macht, fördern Sie Ihr persönliches Wachstum und bereichern Ihre Erfahrungswelt. Man könnte es auch so ausdrücken: ,,Tu das, wovor du am meisten Angst hast — dann weißt du, daß du es kannst, und brauchst es nicht mehr zu fürchten.'' (Veronika Horch in ,,Von wegen Schicksal'')

● Wenn jemand Ihre ,,Intimsphäre'' verletzt oder bedroht, Ihnen zu nahe tritt oder Sie beleidigt, reagieren Sie ärgerlich. Die *Wut* zeigt Ihnen, daß Sie sich in irgendeiner Weise besser schützen müssen. Vielleicht grenzen Sie sich zukünftig deutlicher ab, oder Sie sprechen ein offenes Wort mit dem anderen — in jedem Fall hilft Ihnen das Gefühl des Zorns, die Bedrohung oder Verletzung zu erkennen. Dann können Sie etwas unternehmen, um dies in Zukunft zu verhindern. Manchmal genügt es schon, dem anderen einfach zu sagen, daß er Ihnen weh getan hat. Das Wissen darüber gibt ihm die Chance, sich darauf einzustellen und sein Verhalten zu ändern.

Sobald Sie auf die Botschaft achten, wird *jedes* Gefühl plötzlich wertvoll — und wenn Sie es vorher noch so unangenehm empfunden haben. Oft spüren wir unsere Gefühle zwar und drücken sie vielleicht auch aus, aber wir antworten nicht darauf. Wir reagieren nicht, sondern bleiben tatenlos im „Sumpf unserer Gefühle" stecken. Wenn wir aber die Botschaften der Gefühle entschlüsseln, zeigen sie uns Wege, wie wir angemessen reagieren können.

Für manche Menschen wird es anfangs ungewohnt sein, sich einmal nur auf sich selbst und das eigene Seelenleben zu konzentrieren. Sie sind mehr daran gewöhnt, zu handeln, auf andere zu achten und zu reagieren. Das kann auf die Dauer aber zu einem gefährlichen Ungleichgewicht führen: wenn sich jemand hauptsächlich nach außen orientiert und seine eigenen Impulse, Gefühle und Prozesse vernachlässigt.

Stellen Sie sich zum Beispiel einen erfolgreichen Geschäftsmann oder Manager vor. Er ist „im Streß", steht unter Zeitdruck und für den Vorschlag, sich einmal Ruhe zu gönnen und richtig auszuspannen, hat er nur ein müdes Lächeln übrig. „Dafür ist doch keine Zeit, in der Firma müssen Termine eingehalten werden . . .!" Er hat zwar hin und wieder einmal Kopfschmerzen, in letzter Zeit sogar ziemlich häufig − aber mit einer Tablette sind sie in kurzer Zeit wieder weg. Und außerdem, wo kämen wir denn da hin, wenn man wegen solcher Lappalien zum Arzt gehen würde . . .

Er bewältigt also sein Pensum weiter, arbeitet viel und gönnt sich wenig Ruhe. Auch die Freizeit wird mit sinnvollen Aktivitäten verplant, man kann ja nicht einfach nur so rumsitzen! So kommt eines zum anderen, zu den Kopfschmerzen melden sich schmerzhafte Verspannungen, dann kommt noch Bluthochdruck dazu − und schließlich ein Herzinfarkt.

Ist diese Darstellung übertrieben? Wir haben den Fall sicher überspitzt beschrieben, um die Grundtendenz zu verdeutlichen. Es muß auch nicht jedesmal mit einem Herzinfarkt enden. Sogar für viele streßgeplagte Manager ist „Entspannung" kein Fremdwort mehr.

Körperliche Signale werden auch oft in der Alltagssprache −

mehr oder weniger bewußt — zur Kennzeichnung von Gefühlszuständen und emotionalen Verarbeitungen verwendet. Wer immer „alles in sich hineinfrißt", der wird zunehmend „sauer", das heißt, er wird darauf mit einer zunehmenden Produktion von Magensäure reagieren. Eine häufige Folge auf diesen ungesunden Versuch, unliebsame Ereignisse zu „verdauen", ist das Magengeschwür.

Sie kennen diese Verknüpfung bereits aus dem Anfangskapitel. Hier interessiert uns, ob und wie die „Botschaft" der Gefühle rechtzeitig erkannt und beantwortet werden kann. Wer seine Gefühlsreaktionen beobachtet und in der Lage ist, bewußt zu spüren, daß er ärgerlich wird, der hat es in der Hand, den Impuls, zu dem ihn dieser Ärger anregt, zu erkennen und seinen Ärger auf angemessene Art und Weise auszudrücken und gegebenenfalls sogar an den rechten Mann zu bringen.

Für manche Menschen ist es gar nicht so einfach, mit ihren spontanen Gefühlen in Kontakt zu kommen und zu bleiben. Zu stark sind sie vom Imperativ der Vernunft, der Notwendigkeit, den „Sachzwängen" oder von anderen inneren oder äußeren Umständen eingeschränkt. Zu häufig werden eigene Wünsche gegenüber „nicht dürfen" und „müssen" zurückgestellt. Zu oft werden diese Bedürfnisse von unserer Umwelt und zuletzt auch von uns selbst nicht ernstgenommen. Um unsere Gefühle wieder besser zu spüren, hilft es uns, wenn wir uns selbst besser erleben können. Je ausgeglichener wir sind, desto bewußter und offener können wir unsere Gefühle und Stimmungen akzeptieren . . .

Wenn Sie in Kontakt mit sich und Ihren Gefühlen sind, kommen Sie zu Ihrer Mitte. Ihre Gefühle leiten Sie zu Ihren Bedürfnissen, zu dem, was jetzt für Sie wichtig ist.

Dies ist gleichzeitig eine Kraftquelle für Sie: Sie können von dieser Basis aus schnell und sicher auf andere reagieren. Sie sind im Gleichgewicht zwischen „innen" und „außen", zwischen „ich" und „du". Dieses Gleichgewicht ist nicht starr und fest, sondern ein fließender Prozeß, der sich in jedem Augenblick wandelt. In jedem Moment stehen Sie aufs neue vor der Wahl, wohin Sie Ihre Aufmerksamkeit richten, und wie Sie dieses dynamische Gleichgewicht herstellen.

Diese Gedanken wenden wir nun auf unseren konkreten Alltag an: Wir wollen Ihnen einige Übungen vorschlagen, wie Sie spielerisch in Kontakt mit Ihren Gefühlen kommen können.

Übungen: Kreatives Gestalten

a) Nehmen Sie sich etwa eine Stunde Zeit. Für diese Übung brauchen Sie Farben: z.B. Wachsmalkreiden, Ölkreiden, Wasserfarben, Plakate, Buntstifte . . .
Legen Sie ein großes Stück Papier vor sich hin und schließen Sie nun Ihre Augen. Hören Sie in sich hinein, spüren Sie, was in Ihnen vorgeht, und schauen Sie die Bilder an, die vor Ihren inneren Augen auftauchen. (Atmen Sie dabei recht tief und langsam aus, entspannen Sie sich: So erleichtern Sie sich den inneren Zugang.) Bringen Sie nun alle Ihre Wahrnehmungen auf das Papier. Drücken Sie mit Formen und Farben aus, wie Sie sich fühlen, was Sie sehen, hören und spüren. Lassen Sie sich dabei Zeit, mit leiser Musik im Hintergrund geht es vielleicht noch besser.

b) Nehmen Sie sich ein großes Blatt Papier und Zeichenkohle oder einen Wachsmalstift. Stimmen Sie sich wieder ein wie bei a) beschrieben, spüren Sie in sich hinein. Lassen Sie Ihre Augen zu und beginnen Sie mit geschlossenen Augen in Ihrer Hand zu spüren, die den Stift hält. Wenn Bewegung in die Hand kommt, beginnen Sie auf dem Papier zu malen. Ihre Augen sind geschlossen – lassen Sie Ihre Hand „entscheiden", wo es hingeht, welches Bild entstehen wird. Genießen Sie

---

einfach die Bewegungen, die Geräusche des Stiftes auf dem Papier, den intensiven Kontakt, den Sie zu sich selbst haben . . .

Lassen Sie sich überraschen von dem, was da entsteht. Öffnen Sie die Augen erst dann, wenn Sie das Gefühl haben, Ihr Bild ist dann fertig, wenn Ihre Hand allmählich zur Ruhe kommt und Sie das Gefühl haben Ihr Bild sei fertig. Vielleicht wollen Sie Ihrem Bild nun einen Titel oder einen Namen geben?

Ein Hinweis: Legen Sie eine abwaschbare Unterlage unter Ihr Blatt, damit Sie ruhig mal über den Rand ,,hinausschießen'' können.

Übung: STOP!

Diese Übung ist um so wirksamer, je öfter Sie sie in Ihren Alltag einbauen. Sie dauert jeweils nur etwa 15 Sekunden und ist recht „unauffällig". Sie sollten sie jeden Tag mindestens fünf bis zehnmal machen.

Was Sie tun sollen? Stellen Sie sich vor, man hält einen Film plötzlich an und es wird ein bewegungsloses Standbild daraus. Genau das tun Sie selbst: Sie rufen (laut oder leise) STOP! und bleiben dann genau bei der Bewegung stehen, wo Sie gerade sind. Wenn Sie auf einem Bein stehen, bleiben Sie so, wenn Sie sich gerade an der Nase gekratzt haben, lassen Sie die Hand dort usw.

Entscheidend ist die äußere Bewegungslosigkeit. In diesen Sekunden versuchen Sie jetzt ganz genau wahrzunehmen, was in Ihnen vorgeht, was Sie sehen, hören, fühlen, riechen . . .

Vielleicht bemerken Sie, daß der rechte Fuß kitzelt oder Ihre Nase juckt oder daß Sie sich aufgeregt/müde/abgehetzt/erfrischt . . . fühlen.

Je öfter Sie diese „Momentaufnahme" von sich selbst machen, desto einfacher und bereichernder wird sie. Sie werden sich vielleicht wundern, was Sie alles wahrnehmen können!

Woher kommen Gefühle?

Kennen Sie das auch aus eigener Erfahrung? Sie hören die Klänge eines Sirtaki, und schon versetzt Ihre Erinnerung Sie in eine andere Welt . . . zurück nach Griechenland, zum letzten Urlaub. Ihre Stimmung ändert sich von einem Moment auf den anderen; Bilder von dem griechischen Restaurant am Meer in der Abendsonne tauchen vor Ihrem geistigen Auge auf, zu den Sirtaki-Klängen hören sie die griechischen Stimmen . . .

Oder:

Sie hören einige Oldies im Radio und bei einem Lied durchzuckt Sie plötzlich die Erkenntnis: Genau auf dieses Lied hatten Sie damals mit Ihrer ersten Liebe getanzt und sich dabei bis über beide Ohren verliebt.

Plötzlich sehen Sie IHN (bzw. SIE) ganz deutlich vor sich, spüren Ihre Aufregung wieder, das Herzflattern und die weichen Knie . . . und Sie fühlen sich gerade wieder so wie mit siebzehn.

Oder:

Im Menschengewühl der Fußgängerzone zieht auf einmal der Duft eines ganz bestimmten Parfums/Rasierwassers an Ihnen vorbei und erinnert Sie augenblicklich an eine frühere romantische Beziehung. Wieder ändert sich Ihre Stimmung ganz plötzlich, als Sie so ,,zurückversetzt'' werden in jene Zeit . . .

Es ließen sich noch tausend Beispiele für dieses Phänomen der ,,anderen Welt'' finden. Die Auslöser solcher plötzlichen Zeitreisen können sehr vielfältig sein:

– ein Bild, Foto, eine Landschaft
– eine Melodie, eine gewisse Stimme oder Tonlage, ein Akzent
– ein Geruch (erinnern Sie sich noch daran, wie es im Kindergarten immer roch?)
– der Geschmack einer Speise, eines Getränks
– ein bestimmtes Körpergefühl, zum Beispiel der Wind, der Ihnen durchs Haar fährt, die sprühende Gischt am Strand . . .

Solche kleinen Reize können ganze Zeitreisen auslösen. Sie sind buchstäblich in einer anderen Welt. Oft verändert sich Ihr ganzes Erleben:

– Ihre Gefühle
– Ihre Haltung
– Ihre Wahrnehmung
– Ihr Denken
– vielleicht sogar Ihre Sprache.

Im ersten Kapitel haben wir uns ausführlich damit beschäftigt, daß der menschliche Organismus als ein Ganzes lebt, ,,funktioniert" und reagiert. Diese Ganzheitlichkeit kann uns auf der Suche nach einer Erklärung für die plötzlichen ,,Zeitreisen" gut weiterhelfen.

Ganzheitliche Reaktionen unseres Organismus (z.B. Denken, Erleben, Bewegen, Sprechen . . .) können von sehr kleinen, isolierten Reizen ausgelöst werden. Ein banales Beispiel, das dennoch lebenswichtig ist: Immer wenn wir eine rote Ampel sehen, läuft eine innerliche STOP-Reaktion ab. Wir treten auf die Bremse, oder bleiben stehen − oft sogar schon bevor der Reiz bis in unser Bewußtsein gedrungen ist, − und wir denken ,,Die Ampel ist rot".

Die Verbindungen zwischen Reiz und Reaktion sind unterschiedlich stark und beständig. Manche Verknüpfungen sind recht lose und ändern sich leicht. Andere dagegen sind so fest verankert, daß die gleiche Reaktion praktisch immer auf den Reiz folgt. Wenn es sich um eine so feste Verknüpfung handelt, sprechen wir von einem ,,Anker". Ein Anker ist also ein Reiz, der bei einer Person eine ganz bestimmte Reaktion auslöst. Psychologen bezeichnen das als Reiz-Reaktions-Verknüpfung (oder Habit = Gewohnheit).

Diese Anker sind etwas völlig Natürliches. Sie entsprechen sozusagen den ,,Knotenpunkten" unseres Gedächtnisses (. . . vielleicht ist an dem Vergleich vom Knoten im Taschentuch ja mehr dran, als wir denken!). In vielen Situationen helfen sie uns auch, schnell und zweckmäßig zu handeln. Wir müssen nicht erst lange nach der passenden Reaktion suchen, sondern reagieren ,,wie im Schlaf" bzw. ,,unbewußt" − wie zum Beispiel bei der roten Ampel. Die Anker-Reize müssen nicht einmal notwendigerweise bewußt sein, um die Reaktion auszulösen. Denken Sie nur an das Parfumbeispiel. In diesem Fall ist der Reiz kaum oder gar nicht bewußt und kann doch tiefgreifende emotionale Reaktionen auslösen.

Wir könnten sogar eine „Bewußtheitshierarchie" der Anker-Reize aufstellen.

1. Unbewußte Reize

In diese Kategorie fallen die meisten Geruchs- oder Geschmacks-Anker. Wie bereits erwähnt, sind uns die Informationen dieser Kanäle in der Regel wesentlich weniger bewußt — was nicht heißt, daß sie weniger wirksam sind!

Auch visuelle Reize können unbewußt sein, z.B. Farben oder ein bestimmtes Gesicht in einer Menschenmenge. Sie nehmen bewußt nichts Besonderes wahr, dennoch ändert sich Ihre Stimmung. Gerade bei Farben ist dieser Effekt oft sehr ausgeprägt (so daß sich mittlerweile schon eine „Farbtherapie" entwickelt hat).

2. „Ungefähr" bewußte Reize

Diese Anker finden wir oft bei neuen Bekanntschaften. „Irgendwas an ihm gefällt mir nicht . . ." und Sie grübeln und grübeln, was das wohl sein könnte. „Es liegt mir auf der Zunge, aber ich komme nicht darauf." — Bis Sie dann plötzlich erkennen, daß dieser Bekannte ähnlich die Nase rümpft/ähnlich gestikuliert etc. wie Ihr Expartner — und schon bei dem konnten Sie das auf den Tod nicht ausstehen!

3. Bewußte Reize

Beispiele hierzu sind etwa der Katalog des Reisebüros oder ein Urlaubsfoto, das Sie an den Ort Ihres letzten Urlaubs zurückversetzt. Oder (auch unbeliebte Anker gibt es!) die Zahnpastatube, die „er" wieder mal nicht zugeschraubt hat! Oder der Anblick und das Geräusch des Bohrers beim Zahnarzt . . .

Die meisten Anker fallen jedoch in die Kategorie 1 oder 2. Anders gesagt: Es gibt kaum Reize, die ausschließlich bewußte Anteile haben. Fast alle werden neben ihrem „bewußten" Inhalt noch „ungefähr bewußte" oder „unbewußte" Teile haben. Diese sind oft wirksamer als die bewußten — vor allem, wenn es um emotionale Reaktionen geht. Und Gefühlsreaktionen sind ja das Thema dieses Kapitels.

Anker als Helfer

Eine ganz alltägliche Art, Anker zu benutzen, haben Sie wahrscheinlich selbst schon öfter angewendet (. . . auch ohne den Begriff „Anker" zu kennen).

Angenommen, Ihnen ist eben etwas Wichtiges eingefallen, das Sie sofort erledigen wollen. Auf dem Weg ins nächste Zimmer fällt Ihnen aber die unbezahlte Handwerkerrechnung ins Auge, und Sie nehmen sie mit, um auch das gleich zu erledigen. Im nächsten Zimmer haben Sie zwar nun die Rechnung in der Hand — aber was Sie eigentlich hier Dringendes wollten, ist Ihnen völlig entfallen. Sie können sich beim besten Willen nicht mehr daran erinnern, was es nun eigentlich war.

Manche Leute lassen dann das Ganze auf sich beruhen, nach dem Motto: „Wenn es wichtig war, wird es mir schon wieder einfallen". Andere beten zum Heiligen Antonius . . .

Es gibt aber eine einfache Erinnerungshilfe, die in den meisten Fällen funktioniert:

Gehen Sie zurück an den Ort, wo Ihnen ursprünglich eingefallen war, was Sie erledigen wollten. Schauen Sie sich einfach mal im Zimmer um, lassen Sie Ihren Blick über alle Möbel und Gegenstände schweifen — und noch während Sie schauen, fällt „es" Ihnen plötzlich wieder ein. „Es" war an einen bestimmten Gegenstand geankert, weil es Ihnen vorhin dort eingefallen war. Und dieser Anker spricht nun den richtigen Knotenpunkt in Ihrem Gedächtnis an — plötzlich ist „es" Ihnen wieder eingefallen (. . . oder hat doch der Heilige Antonius geholfen?).

In unserer Umwelt gibt es eine Vielzahl der verschiedensten Anker. Viele der gelernten Reaktionen auf diese Reize laufen sozusagen „automatisch" ab, ob wir uns der Auslöser bewußt sind oder nicht. Manche Menschen beschreiben dies zum Beispiel so:

„Ich brauche nur das Haus meiner Eltern zu betreten und schon fühle ich mich wieder wie die kleine Tochter."

„Sobald ich das Bohrgeräusch beim Zahnarzt höre, verkrampft sich alles in mir. Mir bricht der Schweiß aus, ich kann das einfach nicht verhindern."

„Auf meinem Schreibtisch steht ein Foto aus meinem letzten Urlaub. Immer, wenn ich dort hinschaue, nehme ich sozusagen einen „Kurzurlaub" und bin für einen Moment dort am Meer, in der Sonne, höre das Geräusch der Wellen . . ."

Was können Sie nun mit Ihrem neu erworbenen Wissen über die Anker anfangen?

– Sie können „Detektiv" spielen und versuchen, einige Ihrer persönlichen Anker aufzuspüren. Ein Hinweis auf das Vorhandensein von Ankern ist eine regelmäßig wiederkehrende gefühlsmäßige Reaktion („Immer, wenn . . .").
– Sie können die Anker gezielt benutzen, etwa um sich an bestimmte Dinge zu erinnern oder um Ihre Stimmung zu ändern („Kurzurlaub" am Schreibtisch).
– Sie können sich neue Anker „bauen". Dies ist oft in ganz bestimmten Situationen hilfreich, wo Sie sich wünschen, besonders selbstsicher, positiv, gutaufgelegt . . . zu sein.

Besonders die letzten Punkte sind sehr interessant und bieten erstaunliche Möglichkeiten im konkreten Alltag. Deshalb wollen wir darauf nun näher eingehen.

Anker als Kraftquellen (Ressourcen)

In diesem Abschnitt geht es darum, wie Sie Anker benutzen können, um Zugang zu Ihren eigenen Stärken und Fähigkeiten zu finden. Wir wollen Ihnen einen Weg zeigen, wie Sie auch in schwierigen Lagen Ihre eigenen Stärken „anzapfen" können, so daß Sie diese öfter, leichter und sicherer nutzen können.

Was sind Ihre persönlichen Ressourcen?

Das Fremdwort ,,Ressourcen'' bedeutet soviel wie (Kraft-) Quelle, Reichtümer, Talent, Stärken. Diese sind natürlich individuell verschieden, jeder Mensch hat seine eigenen Fähigkeiten, Stärken, Quellen für seine Kraft und innere Zufriedenheit. Für den einen ist Erfolg besonders wichtig, für einen anderen Ruhe und Entspannung, der nächste schöpft Energie aus einem langen Spaziergang, wo er sich eins fühlt mit der Natur, für einen anderen sind intensive Kontakte zu anderen Menschen wichtig . . . es gibt unzählige Kombinationsmöglichkeiten.

Um Ihnen die Suche nach Ihren persönlichen Ressourcen zu erleichtern, geben wir Ihnen zunächst einen allgemeinen Rahmen vor. Ähnlich wie die Goldsucher im Wilden Westen auch zuerst einen ,,Claim'' absteckten, also einen Bereich, in dem sie nach Gold suchen wollten, geben wir Ihnen eine allgemeine Gliederung Ihrer Erfahrungswelt. Dann können Sie systematisch auf die Suche gehen. Denn: Je genauer und konkreter Sie Ihre Ressourcen benennen und beschreiben können, desto leichter wird es Ihnen danach fallen, sie ,,anzuzapfen'' und für Ihr persönliches Wohlergehen zu nutzen.

1. Sie finden Ressourcen in Ihrer Vergangenheit:

Erinnerungen		Personen
Erlebnisse	im Zusammenhang mit	Dingen
Erfahrungen		Orten
		Aktivitäten

Erinnerungen an die Großmutter können Gefühle von Geborgenheit und Gemütlichkeit wecken. Wenn wir an unser erstes Werkstück oder ein gelungenes Kunstwerk denken, können wir unseren Stolz und unser Selbstwertgefühl aktivieren. Bilder von Urlaubsorten, an denen wir waren, bescheren uns den Zugang zu Ruhe und Entspannung – oder zu Ausgelassenheit und Spannkraft. Je intensiver die Erlebnisse und Erfahrungen waren und je lebendiger die Erinnerung daran wiederauflebt, desto stärker werden unsere Ressourcen angesprochen.

Dabei spielt es keine große Rolle, ob alles wirklich so geschehen ist oder ob unsere Erinnerung ein Stück verklärend wirkt. Auch wenn das so wäre: es schadet gar nichts. Im Gegenteil — Sie können die Kraft Ihrer Gedanken nutzen, um in Ihrer Vorstellung Dinge zu erschaffen, die Sie beflügeln. Wir werden später darauf noch ausführlich zu sprechen kommen. Wirklich ist, was wirkt!

2. Sie finden Ressourcen auch in Ihrer Zukunft:

Ziele		Personen
Pläne	im Zusammenhang mit	Dingen
Phantasien		Orten
		Aktivitäten

Sicher haben Sie auch schon die Erfahrung gemacht, daß ein erstrebenswertes Ziel, das man vor Augen hat, ungeheure Kraftreserven freisetzen kann. Ob das nun der Gipfel eines Berges ist, von dem Sie nur noch 100 Meter Aufstieg trennen, oder ein Haus, das Sie kaufen wollen und dafür viel Geld und Arbeit investieren müssen, oder eine Verabredung mit einem interessanten Menschen . . . je deutlicher Sie Ihr Ziel vor Augen haben (oder im Gefühl oder im Ohr wie die Zukunftsmusik), desto eher wirkt es wie ein Magnet und kann Sie beflügeln.

3. Sie finden natürlich auch Ressourcen in Ihrer Gegenwart:

in allen Bereichen Ihres täglichen Lebens.

Für Albert Einstein war die wichtigste Frage der Menschheit, ob das Universum ein freundlicher Platz sei. Und diese Bewertung schafft jeder für sich selbst täglich, stündlich, in jedem Moment. Tatsachen an sich sind weder gut noch böse. Statt uns nur über die Dinge aufzuregen, die uns nicht gefallen, können wir uns auch an denen freuen, mit denen wir uns unterstützen können.

Dazu gleich einige konkrete Beispiele:

- Wahrnehmen
  Hierher gehören zum Beispiel die Anker, die eine positive gefühlsmäßige Reaktion bei Ihnen auslösen: Bilder, Töne, Gerüche, Geschmack . . .
- Denken
  Kreative Köpfe schöpfen Ihre Energie aus Ideen, Denkanstößen, Phantasien usw.
- Sprechen
  Viele Dinge werden einfacher, wenn man sie beim Namen nennt und laut ausspricht. So reden manche Sportler laut mit sich selbst, um sich anzuspornen: zum Beispiel Boris Becker.
- Gefühl
  Die Ressource ,,Gefühl'' läßt sich leicht über konkrete Körpergefühle anzapfen, z.B. ganz entspannt in der warmen Badewanne liegen . . .
- Bewegen
  Dazu gehört zum Beispiel Sport, Spazierengehen, Tanzen . . .
- Handeln
  . . . Alles tun, was Ihnen Spaß macht: zum Beispiel Hobbys, erfolgreiche Arbeit, jemand anderem einen Gefallen tun, uns selbst etwas Schönes gönnen, . . .

Und nun geht's um Sie und Ihre Kraftquellen!
Sie profitieren am meisten von diesem Kapitel, wenn Sie die folgenden Fragen wirklich persönlich beantworten. Allgemeine Rezepte sind weniger wirkungsvoll, weil ja jeder seine eigenen Stärken hat. Diesen Inhaltsteil müssen Sie also selber beitra-

gen: Was sind Ihre Stärken, Fähigkeiten, Quellen der Kraft und Zufriedenheit? Wie Sie dann damit effektiver umgehen, das werden Sie weiter unten lernen. Zunächst geht es also darum, Ihre ganz persönlichen Ressourcen zu finden. Nehmen Sie sich dazu genügend Zeit und erinnern Sie sich möglichst genau.

	Stärke, Ressource	evtl. Situation dazu
1.	. . .	. . .
2.	. . .	. . .
3.	. . .	. . .
4.	. . .	. . .
5.	. . .	. . .

Bevor es nun weitergeht, eine Zwischenfrage an Sie: Sie haben sich eben an eine Vielzahl Ihrer persönlichen Ressourcen erinnert. Wie fühlen Sie sich jetzt? Wie ist Ihre Stimmung, wie Ihr Körpergefühl?

Wahrscheinlich haben Sie soeben selbst die Erfahrung gemacht, wie bloßes Erinnern an positive Erlebnisse und Erfahrungen Ihre Stimmung verbessert. Indem Sie an die Ressourcen denken, zapfen Sie diese Energiequelle an und erleben die positiven Gefühle noch einmal.

Dieser Prozeß kann durch gezieltes Erinnern, Bewußtmachen und Verankern noch entscheidend intensiviert werden. Dann können Sie die Ressource jederzeit „abrufen" und im Alltag nutzen.

Übung: Meine persönliche Kraftquelle

Die folgende Übung kann Ihnen im Alltag bei vielen Gelegenheiten sehr hilfreich sein; z.B. wenn Sie sich abgespannt, gelangweilt oder gereizt fühlen und gerne wieder innerlich zur Ruhe kommen möchten. Es lohnt sich also, wenn Sie sich auch diesmal genügend Zeit nehmen und der Übung sorgfältig und konzentriert folgen.

Nehmen Sie sich jetzt mindestens eine Viertelstunde Zeit. Sorgen Sie dafür, daß Sie in dieser Zeit nicht gestört werden, und suchen Sie sich eine angenehme Umgebung. Setzen Sie sich bequem hin und geben Sie sich einige Minuten Zeit, um zur Ruhe zu kommen und sich zu entspannen. Gehen Sie in Gedanken durch Ihren ganzen Körper und lassen Sie alle Spannungen los. Entspannen Sie Schultern, Arme, Bauch und Beine. Atmen Sie einige Male tief aus.

Erinnern Sie sich nun an eine Situation, in der Sie sich ganz wohl gefühlt haben. Sie waren damals selbstsicher, fühlten sich rundum wohl und entspannt – was immer das für Sie in Ihrer Situation bedeuten mag. Vielleicht heißt das für Sie, aktiv und konzentriert zu sein, oder kreativ oder spontan oder . . . Es geht um Ihr ganz persönliches Gefühl. Erinnern Sie sich an eine solche Situation, in der Sie ganz zufrieden und glücklich waren.

Wenn Sie diese Situation gefunden haben, versetzen Sie sich ganz dorthin zurück. Erleben Sie die Situation noch einmal aufs neue wie in der Gegenwart: so als würde sie jetzt in diesem Moment passieren. Schauen Sie sich gut um und hören Sie genau hin. Gibt es außerdem noch bestimmte Gefühle und Empfindungen dabei?

Vielleicht können Sie noch einige Veränderungen vornehmen, um Ihr positives Gefühl zu verstärken. Probieren Sie aus, wie es sich für Sie am besten anfühlt. Als Grundregel gilt dabei: Wenn sich Ihr positives Gefühl und damit der Zugang zu Ihrer ,,Goldgrube" verstärkt, führen Sie die Veränderung durch. Bleibt das Gefühl dagegen gleich oder wird es eher schwächer, gehen Sie wieder zu Ihrem ursprünglichen Ausgangspunkt zurück. (Sie machen dann also die Veränderung wieder rückgängig.)

Mit folgenden Veränderungen können Sie experimentieren (. . . und vielleicht fallen Ihnen selbst noch neue Möglichkeiten ein):

Was sehen Sie?

- Machen Sie die Farben kräftiger und leuchtender.
- Holen Sie das Bild näher zu sich heran.
- Verbessern Sie die Schärfe.
- Verändern Sie die Helligkeit so, daß es am schönsten aussieht.
- Sehen Sie ein Standbild oder einen Film? Verändern Sie die Geschwindigkeit so, daß es am schönsten aussieht.
- Versetzen Sie sich direkt in das Bild hinein, so daß Sie alles durch Ihre eigenen Augen sehen und die Situation noch einmal als ganzes erleben.

Was hören Sie?

- Sind es Geräusche oder Stimmen?
- Stimmen Sie die Lautstärke genau ab, so daß Sie sich dabei wohlfühlen.
- Genauso regeln Sie die Tonhöhe und den Rhythmus.
- Stellen Sie genau die Richtung ein, aus der die Geräusche/Stimmen kommen.

Wie fühlt es sich an?

- Verändern Sie Bewegung, Rhythmus, Wärme, Entspannung so, daß es sich am besten anfühlt.

Nachdem Sie nun alles so sehen, hören, fühlen, wie es für Sie am angenehmsten ist, lassen Sie dieses Gefühl ganz lebendig werden. Und wenn Sie sich so richtig rundum wohl fühlen, atmen Sie tief und langsam aus, lassen Sie dabei Ihre Schultern sinken und verschränken Sie Ihre Finger.

Machen Sie das mindestens dreimal hintereinander: Versetzen Sie sich zurück in die Situation mit allem, was Sie sehen, hören und fühlen, lassen Sie Ihre positiven Empfindungen ganz stark werden und atmen Sie dann aus, lassen Sie die Schultern sinken und verschränken die Hände.

Damit haben Sie sich einen persönlichen Anker für diesen positiven Gefühlszustand geschaffen. Probieren Sie ihn gleich einmal aus: Atmen Sie langsam aus, entspannen Sie Ihre Schultern und verschränken die Hände.

Spüren Sie, wie sich dieses positive Gefühl wieder in Ihnen ausbreitet?

Wenn Sie die Übung konzentriert ausgeführt haben, ist dieser Anker nun ,,da'': Über ihn können Sie Zugang zu Ihren persönlichen Ressourcen finden.

Der Prozeß des Verankerns ist sehr einfach und wirkungsvoll. Damit der Anker schließlich möglichst gut ,,funktioniert'', beachten Sie bitte folgendes:

● Versetzen Sie sich immer ganz hinein in das Gefühl oder Erlebnis, das Sie verankern möchten. Lassen Sie sich ruhig Zeit dafür, es lohnt sich!
● Wenn das Gefühl ganz intensiv ist, dann setzen Sie Ihren Anker. Warten Sie also bis zum Höhepunkt, bis Sie das Gefühl ganz deutlich spüren.

In einer bildlichen Darstellung (für die ,,Seher'') würde das etwa so aussehen:

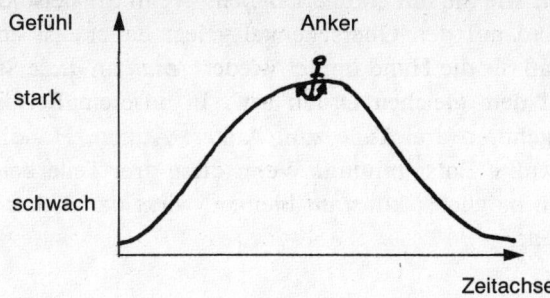

● Wählen Sie einen Anker, der einfach zu wiederholen ist, aber dennoch in gewisser Weise einzigartig.

Einfach soll er deshalb sein, damit Sie ihn (unauffällig) benutzen können, wenn Sie ihn brauchen. Wählen Sie also nicht gerade Bewegungen zum Ankern wie „Mit der rechten Hand am rechten Schulterblatt kratzen". Einfache Anker können z.B. sein:

- Hände verschränken
- Hände ineinanderlegen
- eine Hand auf den Oberschenkel legen (merken Sie sich genau die Stelle!)
- mit einer Hand das andere Handgelenk umfassen
- an einen Ring oder ein anderes Schmuckstück fassen
- . . .

Einzigartig soll ein Anker sein, weil er so am dauerhaftesten bestehen bleibt. Denken Sie zum Beispiel an eine gute Schneiderschere: Wenn Sie diese öfter verwenden, um Papier oder Pappe zu schneiden, wird sie Ihnen für den eigentlichen Zweck nur noch schlechte Dienste leisten — sie ist stumpf geworden.

Im übertragenen Sinne gilt das auch für Anker. Wenn Sie ganz ähnliche Anker für verschiedene Gefühle etablieren, werden sich diese vermischen zu einem „Gefühlsnebel".

111

● Wichtig ist, daß Sie den Anker immer wieder *genauso auslösen,* wie Sie ihn etabliert haben. Wenn Sie beispielsweise eine Hand auf den Oberschenkel gelegt haben, ist entscheidend, daß Sie die Hand immer wieder *genau* an diese Stelle legen, mit dem gleichen Druck usw. In unserem Beispiel von vorhin gehören drei Teile zum Anker: Atmen, Handhaltung und bewußte Entspannung. Wenn diese drei Teile bei jedem Auslösen möglichst konstant bleiben, wirkt der Anker am effektivsten.

„Doppelt hält besser"

Sie können den Effekt eines Ankers auch verstärken, indem Sie eine weitere (ähnliche!) Ressource auf die gleiche Weise verankern. Sie setzen dann gewissermaßen mehrere Anker übereinander. Das funktioniert am besten, wenn die Gefühle möglichst ähnlich sind, also ähnliche Ressourcen beteiligt sind.

Der Effekt doppelter oder dreifacher Anker läßt sich einfach veranschaulichen: Stellen Sie sich vor, mehrere Personen ziehen an einem Strang. Wenn sie alle dasselbe Ziel haben, werden sie auch ihre gemeinsame Anstrengung am besten koordinieren können. Sobald aber die Ziele auch nur leicht voneinander abweichen, ziehen sie auch nicht mehr exakt in die gleiche Richtung. Am Ende behindern sie sich vielleicht sogar gegenseitig.

Wenn in einem Anker mehrere ganz ähnliche Ressourcen verankert werden, ziehen alle sozusagen am gleichen Strang und unterstützen sich gegenseitig. Sobald die Ressourcen und die dazugehörigen Gefühle aber zu verschieden sind, werden in Ihrem Unbewußten verschiedene „Ziele" aktiviert. Die Kräfte Ihres Unbewußten ziehen dann nicht mehr genau am gleichen Strang.

Überlegen Sie sich also vorher, welcher Anker „paßt". Vielleicht wollen Sie eine bestimmte Ressource extra für sich verankern oder zu einem anderen, schon bestehenden Anker hinzufügen . . . Ihrer Phantasie sind dabei keine Grenzen gesetzt. Wenn es darum geht, welche Gefühle zusammenpassen und sich innerhalb eines Ankers „vertragen", verlassen Sie sich auf Ihr inneres Gefühl und die Ideen, die Ihnen dazu kommen. Ihr Unbewußtes weiß selbst sehr gut, wie es seine einzelnen „Arbeiter" koordinieren muß, damit jede Gruppe sich ganz auf ein Ziel konzentriert und sie sich nicht gegenseitig im Weg stehen. Sie müssen sich nur etwas Zeit und Ruhe dafür nehmen, um „nach innen zu hören" – dann kommen Ihnen die Ideen, die Sie zum Ankern brauchen, ganz von selbst.

Warum überhaupt Anker?

Der praktische Nutzen des Verankerns von Ressourcen ist offensichtlich: Wann immer Sie in einer Situation das Gefühl haben, Sie bräuchten jetzt eine bestimmte Fähigkeit, ein Gefühl, eine Stimmung, um mit der Situation besser umgehen zu können – bedienen Sie sich Ihres Ankers! Sie werden vielleicht selbst überrascht sein, wie unmittelbar und eindrucksvoll Sie eine Veränderung in Ihrem Erleben wahrnehmen können.

Um diesen Erfolg zu sichern, ist ganz entscheidend, daß Sie sich in dem kurzen Moment des Anker-Auslösens ganz darauf konzentrieren. Sie gehen also kurz nach innen und konzentrieren sich ganz auf die Veränderungen, die Sie nun erleben. Einige Sekunden genügen dazu in der Regel, so daß Ihr Gesprächspartner gar nichts mitbekommen muß – höchstens das Ergebnis.

Sicher kennen Sie auch Situationen, in denen Sie immer wieder auf eine ganz bestimmte unvorteilhafte Weise reagieren, obwohl Sie sich gerne anders verhalten würden (und dies in *anderen* Situationen auch können!). Dabei können Sie sich auch selbst helfen, indem Sie gezielt Anker einsetzen.

Der Grundgedanke ist dabei ganz einfach: Wenn sich im Gedächtnis Dinge bereits einmal verknüpfen ließen, lassen sie sich auch wieder *neu* verknüpfen.

Manchmal ist das nicht ganz leicht, weil dazu bestehende Verknüpfungen erst gelöst oder ,,aufgeweicht'' werden müssen. Zum Teil bestehen diese alten Bindungen auch schon über längere Zeit, sie sind vielleicht schon ein wenig eingerostet — ähnlich wie eine Tür ins Freie, die man nach langer Zeit zum ersten Mal wieder öffnet.

Deshalb ist es wichtig, daß Sie zu diesem Zweck Ihren Anker besonders sorgfältig aufbauen. Dann können Sie ihn jederzeit in einer solchen unbefriedigenden Situation einsetzen.

Dazu ein weitverbreitetes Beispiel:

Herr Schmidt wird jedesmal sehr nervös, wenn er zu seinem Chef gerufen wird. Obwohl er weiß, daß er gut vorbereitet ist und sein Chef im Grunde ein netter Mensch, der ihm nicht den Kopf abreißen will, ist er doch immer wieder angespannt, aufgeregt und bringt kaum einen Satz zu Ende.

Sein Ziel wäre, in dieser Situation entspannt und locker zu bleiben, so daß er klar denken und sich entsprechend ausdrücken kann.

Um diese Ressource ,,Entspannung'' anzuzapfen, wird Herr Schmidt sich zunächst an einem angenehmen Ort (nicht gerade im Büro, sondern z.B. zu Hause auf dem Sofa) an eine Situation erinnern, als er einmal ganz entspannt, ruhig und voller Vertrauen in die eigenen Fähigkeiten war. Er wird sich diese Situation so genau vorstellen, als wäre er noch einmal dort. Er bleibt so lange darauf konzentriert, bis er alles wieder sieht, hört und fühlt wie damals in der ursprünglichen Situation.

Wenn er dann intensiv das Gefühl von Ruhe und Selbstvertrauen wieder erlebt, wird er ganz bewußt ausatmen, den Kopf aufrichten und dabei seine Schultern sinken lassen. (So setzt er für sich einen persönlichen Entspannungs-Anker.)

Diesen Prozeß ,,Erinnerung — Gefühl — Kopf hoch, Schultern entspannen'' wiederholt er nun noch mehrere Male, um den Anker zu festigen.

Beim nächsten Mal, wenn er zu seinem Chef geht, wird er diesen Anker auslösen: Er wird bewußt ausatmen, den Kopf heben, die Schultern entspannen – und dann das Zimmer seines Chefs ruhig und voller Selbstvertrauen betreten.

Funktioniert das wirklich?

Wahrscheinlich wird Herr Schmidt das Zimmer seines Chefs mit einem neuen Gefühl betreten. Dieses Gefühl könnte man als eine Mischung beschreiben aus der alten Anspannung und der Ressource Entspannung.

Diese Mischung ist in dieser Situation durchaus sinnvoll. Eine völlig entspannte ,,Sofa-Haltung'' wäre hier wohl nicht unbedingt angebracht.

Das neue Gefühl verbindet den positiven Anteil des angespannten Zustandes – Spannung und Lebendigkeit, die seine Arbeitsfähigkeit sicherstellen – mit den Kräften der Ressource ,,Entspannung''. Beides findet eine angemessene Integration im neuen Erleben und Verhalten.

(Übrigens – diese Integration muß von Ihnen nicht notwendigerweise bewußt gelöst werden. In der Regel findet Ihr Unbewußtes den besten Weg dazu allein, ohne aktives ,,Grübeln''. Sie können sich also ruhig überraschen lassen, von dem, was Ihr Unbewußtes für Sie auswählt.)

Wenn Anker allein nicht ausreichen

Anker helfen in vielen Fällen – doch *alle* Probleme können sie auch nicht lösen.

1. Bei sehr intensiven negativen Erlebnissen sind andere Lösungswege notwendig; etwa wenn der Mitarbeiter in diesem Zimmer schon einmal einen Nervenzusammenbruch hatte

oder ihn der Chef an einen verhaßten Lehrer erinnert (unbewußter Anker!), bei dem er auf keinen grünen Zweig kam etc.

In solchen Fällen bräuchte man einen „Stapel" sehr sorgfältig aufgebauter Anker, wie es z.B. mit professioneller Beratung durch einen Psychotherapeuten möglich ist.

2. Eine zweite Bedingung, bei der einfaches Ankern nicht ausreicht: Durch das „Problemverhalten" wird unbewußt eine positive Absicht erreicht und verstärkt. (Psychologen nennen das den sekundären Gewinn.)

Ist der Chef z.B. immer besonders nett und hilfsbereit zu Herrn Schmidt, wenn dieser nervös und verspannt ist, bedeutet das eine optimale Unterstützung für Herrn Schmidt. Das „Problemverhalten" wird also in solchen Situationen wahrscheinlich immer wieder auftreten, da es ihm auf einer unbewußten Ebene ja einen sehr guten Dienst leistet.

Auch solche Situationen kann man lösen. Man benutzt dazu keine Anker, sondern läßt das Unbewußte neue Möglichkeiten finden, die gute Absicht des „Problemverhaltens" auf andere Weise sicherzustellen — so daß das unerwünschte Verhalten nicht mehr nötig ist, aber der Nutzen trotzdem gesichert bleibt. Denn darauf legt das Unbewußte großen Wert: Die positive Absicht soll wirksam werden. Es will Sie ja schließlich optimal unterstützen. Doch darauf gehen wir ausführlich im nächsten Kapitel ein.

Zusammenfassend läßt sich hier also sagen: Für viele Fälle des Alltags, in denen es um kleinere Schwierigkeiten oder unangenehme Gefühle geht, helfen Anker sehr einfach und wirksam, um im rechten Moment Zugang zu den nötigen eigenen Ressourcen zu finden.

„Lieblingsgefühle"

Wir wollen Ihnen an dieser Stelle gleich noch eine weitere Möglichkeit zeigen, wie Sie auf neue Art mit belastenden und störenden Gefühlen umgehen können.

Bereits einige Seiten weiter vorne hatten wir uns ja ausführlich damit beschäftigt, daß es keine „guten" oder „schlechten" Gefühle gibt, sondern daß in jedem Gefühl eine wertvolle Botschaft steckt. Der Einfachheit halber benutzen wir hier trotzdem die Kategorien „gut" und „schlecht" — aber immer in dem Bewußtsein, daß dies noch keine endgültige Bewertung ist, sondern allenfalls ein vorläufiger „Arbeitstitel".

Beschäftigen wir uns also noch weiter mit dem Thema Gefühle. Die meisten von uns haben sozusagen ihre „Lieblingsgefühle". Der eine ist gerne ruhig und satt, der andere gerne aktiv und tatendurstig. Und genauso haben auch die meisten von uns ihre „negativen" Lieblingsgefühle. Anton ist oft deprimiert und schlecht ansprechbar, Bernd ist erregt und gereizt, und Christiane fühlt sich immer so schwach und hilflos. Und wenn wir ganz ehrlich mit uns sind, entdecken wir diese „Lieblings-schlechten-Gefühle" (LSGs) auch bei uns. Wir begegnen ihnen immer wieder, wir hegen sie und pflegen sie. Ab und zu sind sie uns lästig, aber sie sind uns so vertraut, daß wir sie vielleicht doch lieber nicht missen möchten.

Für den Fall, daß Sie einige Ihrer LSGs loswerden möchten, müssen wir Ihnen leider gestehen: das geht gar nicht. Gerade die LSGs haben sehr wichtige Botschaften für uns, und die Lebensgeschichte, die wir mit ihnen haben, läßt sich nicht einfach auslöschen.

Aber für den Fall, daß Sie lernen wollen, besser damit umzugehen — sie besser zu verstehen, sie leichter zu nehmen, sie nicht immer auch dann heranzuziehen und aufzubauschen, wenn Sie sie eigentlich gar nicht so dringend brauchen —, möchten wir Ihnen eine Übung vorschlagen.

Zuerst noch ein allgemeiner Hinweis:

LSGs treten oft in Form von impliziten Vergleichen auf wie „Ich bin zu reizbar", „Ich bin zu gutmütig", „Ich bin zu impulsiv" oder was auch immer. Nennen wir diese Klagen einmal allgemein „Ich bin zu X"; X kann dabei, wie wir gerade gesehen haben, für alles mögliche stehen.

Die Formulierung des Denkmusters in inhaltsfreie Buchstaben wie X wird es uns leichter machen, uns vorurteilslos mit den Klagen und den LSGs beschäftigen zu können.

Übung: Umgang mit „Lieblingsschlechtengefühlen"

a) Listen Sie nun eine Reihe Ihrer „Lieblingsklagen" auf, nach dem Muster „Ich bin zu X".

b) Wählen Sie zuerst einen Satz, der nicht zu schwerwiegend ist, aber dennoch ernstgemeint.

c) Nehmen Sie sich jetzt mindestens eine Viertelstunde Zeit und beantworten Sie die folgenden Fragen, eine nach der anderen (am besten schriftlich):

1. „Ich bin zu X" – im Vergleich wozu?
   Lassen Sie sich die Zeit, die Sie brauchen, um die richtigen Antworten zu finden. Wenn Ihnen gar nichts einzufallen scheint, arbeiten Sie mit den Hilfsfragen:
   „Wann bin ich zu X?"
   „Im Vergleich zu wem?"

2. „Wieviel X wäre richtig und angemessen in welcher Situation?"
   (Suchen Sie sich mindestens drei verschiedene Situationen aus.)

3. „In welcher Situation bin ich froh, daß ich X bin?"

4. „Welche Vorteile beobachte ich bei anderen, die X sind?"

5. „Was sind die Vorteile, die mir X bringt?"

6. „Wann wünsche ich mir, noch mehr X zu haben?"
7. „Welche Alternativen gibt es zu X?"
8. „Welche Vor- und Nachteile haben diese Alternativen?"

(Wenn Sie mit dieser Frageliste noch ein weiteres Beispiel durchgehen möchten, nehmen Sie sich einen bestimmten Zeitpunkt dafür vor. Bearbeiten Sie auf jeden Fall immer nur ein Beispiel auf einmal.)

Auch wenn Ihnen die eine oder andere Frage vielleicht merk-würdig erscheint – vielleicht ist sie merk-würdig im wahrsten Sinn des Wortes. Beantworten Sie sie ernsthaft, schauen Sie dann Ihre Antworten an, lesen Sie sie sich noch einmal vor und lassen Sie sie auf sich wirken. Was passiert mit Ihrem LSG?

Vielleicht sind Ihnen in der Zwischenzeit schon einige Ideen gekommen, was es mit Ihrem LSG auf sich hat, zum Beispiel:

– daß X in vielen Situationen gar nicht so verkehrt ist
– daß Sie vielleicht mehr davon profitieren, als Ihnen vorher klar war
– daß es mehr Möglichkeiten gibt, an die Sie nur noch nicht so ausführlich gedacht hatten
– daß Sie sich schon ein Stück mit „X" versöhnt haben
– daß sie gemerkt haben, daß Sie es eher mit einer (wenn auch unbewußt) gezielten Handlung zu tun haben als mit einer automatischen Reaktion.

Nichts von alledem, sondern etwas ganz anderes? Um so besser. Jeder Mensch ist anders, und Ihre Erfahrungen sind Ihre Erfahrungen. Nehmen Sie sich Zeit, und machen Sie *Ihre* ganz persönlichen Erfahrungen beim Umgang mit diesen Fragen und Ihrem LSG.

Auf diese Weise können Sie sich natürlich nicht nur selbst helfen, sondern auch anderen, besser mit Gefühlen umzugehen. Sobald Sie bei anderen auf Klagen vom Typ „Ich bin zu . . ." stoßen, stellen Sie ihnen die gleichen Fragen, die Sie in der letzten Übung sich selbst gestellt haben. Voraussetzung dafür ist allerdings, daß Sie wirklich einen guten Draht zum anderen haben und kein schwerwiegendes Eigeninteresse an seinem Verhalten, so daß Sie sich vorurteilslos damit beschäftigen können.

Bei allen diesen Fragen ist es gut, darauf zu achten, ob der Partner wirklich lockerer wird; das kann auch heißen: nachdenklicher oder erstaunter . . . Genau wie bei den Fragen zur Bedeutung der Sprache (vgl. Kapitel 3) geht es darum, kein Kreuzverhör zu veranstalten, sondern dem andern dabei behilflich zu sein, sich selbst besser kennenzulernen.

Sie müssen sich nicht unbedingt auf Fragen beschränken; manchmal sind Anmerkungen oder Kommentare viel wirksamer. Sie könnten zum Beispiel sagen: ,,Also ich könnte mir in einer Situation wie . . . vorstellen, daß ich froh wäre, wenn ich so gut X könnte" oder ,,Wenn ich das mit der Möglichkeit Y vergleiche, könnte X wirklich eine einfachere Lösung sein . . ."

Achten Sie darauf, ob und bei welchem Kommentar Ihr Partner körpersprachlich mit Zeichen wie Durchatmen, zunehmender Entspannung oder Nachdenklichkeit reagiert. Vielleicht sagt er auch etwas wie: ,,So habe ich das noch nie betrachtet", ,,So gewendet macht das Sinn" oder ,,Das hört sich ja interessant an". Denken Sie daran: Ihr Partner ist nicht gezwungen, auf Ihre Vorschläge einzugehen oder ,,positiv" zu reagieren, was immer Sie sich darunter vorstellen. Sein Verhalten zeigt Ihnen, ob Sie auf der richtigen ,,Fährte" sind. Nehmen Sie seine Reaktionen als Hinweis darauf, wie gut Ihr augenblicklicher Kontakt zu ihm gerade ist und wie gut Sie bereits mit Gefühlen positiv und kreativ umgehen können.

5. Kapitel

Alles hat eine positive Seite
oder
Wie sich gute Absichten verwirklichen lassen

Alles hat eine positive Seite

Als mein kleiner Neffe drei Jahre alt war, beobachtete er mich eines Tages im Garten. In unserem Rasen hatten sich viele Disteln eingenistet, deren Samen von einem benachbarten Brachland herübergeweht worden waren und die beim Barfußlaufen empfindlich stören konnten. Deshalb ging ich öfter mal daran, diese Disteln zu jäten. Für meinen Neffen war es wohl nicht genug, mir zuzuschauen. Er kam dazu und fing an, genau das zu tun, was er bei mir beobachtet hatte: Er packte einzelne Pflanzen und riß sie aus. Dabei beschränkte er sich keineswegs auf Disteln, sondern erwischte alles, was irgendwie höher und stärker wuchs. Ganz offensichtlich wollte er mir helfen.

Sollte ich ihm nun böse sein, daß er dabei auch recht nützliche Pflänzchen beseitigte? Was hätten Sie in dieser Situation getan? Um wirklich bei den Disteln helfen zu können, hätte er diese sicher von anderen Pflanzen unterscheiden können müssen, und außerdem hätte er wie ich stabile Lederhandschuhe gebraucht, um sich nicht die Finger zu zerstechen. Und letztlich hatte er auch noch nicht die Kraft, die manchmal sehr tiefen Wurzeln mit herauszuziehen; aber gerade das war sehr wichtig, damit die Disteln nicht noch stärker nachwachsen konnten.

Also freute ich mich einfach über seine gute Absicht und ließ mir gerne von ihm helfen. Es hat uns beiden sehr viel Spaß gemacht.

Das Beispiel verdeutlicht, welchen Unterschied es macht, ob wir Absicht oder Verhalten beurteilen. Wenn wir das Verhalten aus einer Situation heraus bewerten, können wir leicht in Versuchung kommen, es negativ zu beurteilen. Für den Handelnden selbst ist das Verhalten aber immer unmittelbar mit der Motivation, das heißt mit seiner Absicht, gekoppelt.

Hätte ich meinen Neffen kritisiert und gescholten, hätte ich damit auch gleichzeitig seine gute Absicht abgelehnt. Wird eine gute Absicht aber anerkannt und entsprechend gewürdigt, so kann sie später durch passendere Verhaltensweisen ersetzt und so besser verwirklicht werden.

Betrachtet man den menschlichen Organismus genauer, so erkennt man erst richtig, wie perfekt er sich auf unterschiedliche Situationen einstellen kann, wie er in jeder Lage dazulernen kann, wie er ständig sein Verhaltensrepertoire erweitert. Das geschieht weitgehend unbewußt; viele Verhaltensweisen, die wir von anderen übernehmen – seien es nun Modeworte, Gesten, Kleidungsgewohnheiten oder was auch immer – gehen wie automatisch in unser Repertoire, in unseren „Besitz", über.

Dieses automatische Lernen leistet uns unschätzbare Dienste. Wenn wir uns all diese Dinge und Fähigkeiten bewußt aneignen müßten, wären wir damit voll ausgelastet. In unserem Gehirn wäre praktisch keine Kapazität mehr frei, um anderes zu lernen, was wirklich unsere bewußte Arbeit erfordert – Lesen, Schreiben, Sprachen, Mathematik . . . die Aufzählung ließe sich beliebig verlängern.

Wir können davon ausgehen, daß jedes Verhalten, das wir irgendwann einmal erworben haben, für diese damalige Situation die einfachste und beste (Problem-)Lösung war, zu der unser Organismus damals in der Lage war.

Wenn zum Beispiel ein Kind in seinem Bestreben, die Aufmerksamkeit der anderen auf sich zu lenken, die verschiedenartigsten Möglichkeiten ausprobiert und sich dann angewöhnt, zu weinen, weil sich das als erfolgreichste Strategie herausgestellt hat, so wird es diese Möglichkeit natürlich beibehalten.

Darin steckt aber auch ein kleiner Pferdefuß verborgen: Wenn das Kind älter wird und eigentlich schon andere Möglichkeiten hätte, seine Bedürfnisse mitzuteilen, kann sich die alte Gewohnheit noch lange automatisch erhalten – zumindest solange sie einigermaßen erfolgreich ist. Das hindert aber den Betroffenen daran, neue und noch wirksamere Mittel wie zum Beispiel das klare Äußern von Wünschen zu entdecken – besonders wenn er/sie im alten Kontext mit seinen ersten Versuchen damit schlechte Erfahrungen gemacht hat. Obwohl also neue Fähigkeiten und Ressourcen zur Verfügung stünden, wird oft noch versucht, die Absicht mit den alten „bewährten" Methoden zu erreichen.

Kommt jetzt plötzlich eine Situation, in der das bewährte Verhalten auf Schwierigkeiten stößt, so ist eine bewußte Neuorientierung nur selten möglich. So unbewußt, wie das früher erfolgreiche Verhalten gelernt wurde, wird es jetzt immer wieder eingebracht und wiederholt. Das Bewußtsein kann ja nur einen kleinen Teil dessen überblicken, was durch das Verhalten erreicht wird.

Warum könnte zum Beispiel jemand das Weinen aus unserem Beispiel beibehalten, um Aufmerksamkeit zu erregen, obwohl er oder sie als Erwachsener sehr viel bessere und präzisere Möglichkeiten hätte, sich auszudrücken? Da kann etwa mitspielen, daß Weinen früher auch den schönen Nebeneffekt hatte, daß die helfenden Erwachsenen die Verantwortung für die Situation übernahmen, wenn sie nur erst einmal aufmerksam geworden waren. Das Kind konnte sich bequem bemuttern lassen und die Problemlösung den „Großen" überlassen. Dieser angenehme und möglicherweise völlig unbewußte günstige Nebeneffekt funktioniert oft auch heute noch, wenn erst einmal die Aufmerksamkeit eines anderen erfolgreich geweckt ist – und deshalb wird die Lösung beibehalten.

Inzwischen hat das Bewußtsein vielleicht schon eingesehen, daß ein plötzlicher Tränenausbruch nicht die optimale Kommunikationsform ist. In solchen Fällen wird die Verhaltensweise oft als „Schwäche" oder „Fehler" bewertet. Das mag in den neuen Kontexten vielleicht sogar berechtigt und richtig sein. Aber wenn man jetzt versucht, diese Schwäche zu bekämpfen und auszumerzen, so stellt man oft einen äußerst mangelhaften oder gar keinen Erfolg fest. Im Gegenteil: Die bekämpfte Gewohnheit wird hartnäckig beibehalten und schlägt immer wieder durch.

Unsere Erfahrung aus vielen solcher Fälle zeigt: Eine Veränderung ist nur dann möglich, wenn die positive Seite der mißverstandenen „Schwäche" erkannt und gewürdigt wird. Erst dann, wenn die *unbewußte positive Absicht* anerkannt wird und in neue Lösungsversuche integriert wird, sind neue Wege wirklich erfolgreich möglich.

Auf den ersten Blick erscheint das für viele ein wenig verrückt. Ein Verhalten wie in unserem Beispiel die Tränenausbrüche sind nicht nur für Außenstehende, sondern auch für den Betroffenen selbst eine „kindische Reaktion" ohne ernstzunehmende positive Aspekte. Wie soll man darin etwas Gutes sehen? – Noch schwieriger ist dies bei Gewohnheiten, deren Nachteil für Betroffene oder Umgebung noch viel deutlicher ist, wie zum Beispiel Rauchen, Fingernägel knabbern oder übermäßiges Essen.

Wenn man solche Fälle aber genauer untersucht, kommt man immer wieder an den ursprünglichen Nutzen dieser Verhaltensweise für den Betroffenen. Was Rauchen für Vorteile haben kann, hat schon mancher in der Phase gemerkt, in der er damit aufgehört hat. Das kann sein: Gemeinsamkeit in Gesellschaft („Rauchst du auch eine?"), Anknüpfungspunkt für Gespräche („Haben Sie vielleicht mal Feuer für mich?" oder „Darf ich Ihnen Feuer geben?"), Trinkpause, Konferenzpause, Essensersatz, ... Die Liste könnte nahezu beliebig verlängert werden. Ob die Vorteile die Nachteile tatsächlich aufwiegen, ist allerdings eine berechtigte Frage. Die andere Frage aber ist mindestens genauso berechtigt, welche Alternative denn diese Vorteile überbieten kann.

Fingernägelknabbern ist eine „erlaubte" Form von Aggression, es hilft das Reden unterdrücken, es erweckt eine gewisse Aufmerksamkeit, es macht in einem gewissen Alter einen fast noch kindlichen Eindruck . . . Wie soll man einen so komplexen, hochwirksamen Eindruck auf seine Umwelt denn anders bewerkstelligen? Gar nicht so einfach. So ein massiver unbewußter Nutzen wird schließlich nicht so ohne weiteres aufgegeben. Unser Organismus gibt ihn erst dann auf, wenn er einen mindestens gleichwertigen Ersatz gefunden hat, der alle Vorteile der alten Lösung sichert.

Der Nutzen von übermäßigem Essen und Übergewicht schließlich ist so erheblich, daß ein Großteil der Bevölkerung trotz (bewußter) gegenteiliger Beteuerungen einfach nicht ohne ihn auskommen mag. Essen ist genußvoll, man tut sich etwas Gutes, fühlt sich sicher und versorgt; der soziale Aspekt ist hier oft noch wichtiger als beim Rauchen – schließlich ist in vielen Familien das gemeinsame Essen neben dem gemeinsamen Fernsehen die einzige Gemeinsamkeit. Und in der Beratungspraxis sind Fälle bekannt, daß z.B. Frauen durch ihr Übergewicht ihre Attraktivität soweit ,,reduziert" haben, daß sie dadurch für Dritte weniger reizvoll waren. So waren sie z.B. vor unerwünschter ,,Anmache" sicher, sie brauchten gar nicht erst lernen, in bestimmten Situationen ,,nein" zu sagen, und die Gefahr von Seitensprüngen war äußerst gering.

Wenn also viele unserer Handlungsweisen und Gewohnheiten so wichtige – wenn auch zum Großteil nicht bewußte – Vorteile für uns haben, so können wir unser Verhalten nur dann auf Dauer ändern, wenn wir diese Vorteile (die ,,unbewußten Absichten" dieser Verhaltensweisen) auf andere Art und Weise ebenso sicher, einfach und ökonomisch erreichen können.

Sie sehen also: Viele Verhaltensweisen, die Sie auf Anhieb negativ bewerten würden, stellen sich so betrachtet als Leistung dar. Sie zeugen von der Fähigkeit, Probleme angemessen lösen zu können und damit Dinge zu erreichen, die für den Betroffenen sehr wichtig sind.

Eine andere Art von Fähigkeiten wollen wir an dieser Stelle auch erwähnen, obwohl sie im ersten Moment vielleicht noch paradoxer erscheinen.

„Unvermögen" ist auch eine Fähigkeit

Viele Leute betrachten es als einen Fehler, daß sie etwas *nicht können*. Aber haben Sie schon einmal überlegt, daß Sie dann etwas ganz Bestimmtes können, nämlich ein „Nicht" können! Stellen Sie sich vor, Sie könnten nicht Schokolade essen. Das heißt doch dann auch, Sie könnten − und das könnten Sie dann wirklich − Schokolade „nicht essen"! Für viele Naschkatzen, Übergewichtige, Diabetiker und andere wäre diese Fähigkeit, Schokolade nicht essen zu können, eine äußerst erstrebenswerte Angelegenheit!

Oder denken Sie an die Unfähigkeit, schreien zu können, einmal als Fähigkeit, nicht schreien zu können: Viele Choleriker hätten dann ihren Arbeitsplatz oder ihren Ehepartner noch und dafür ein paar Probleme weniger . . .

Jedes Problem ist eine Chance

In diesem Zusammenhang können wir auch gleich noch ein anderes Problem angehen: das Wort „Problem". Denken Sie kurz an ein Problem, das Sie in der letzten Woche hatten. Was war es genau? Mit wem? Wie waren Sie mit sich zufrieden?

Wie hat sich jetzt Ihre Stimmung verändert, während Sie an das Problem dachten? Wenn sie sich verbessert hat, können Sie die nächsten Absätze überschlagen. Wenn sie sich verschlechtert hat, dann lesen Sie erst einmal weiter. Ihre Stimmung wird sich schon bald wieder verändern. Sie haben ja gerade die Erfahrung gemacht, wie schnell Sie Ihre Stimmung allein durch Gedanken ändern können!

Für die meisten Leute ist schon das „Problem" ein Auslöser („Anker") für Gefühle wie Mutlosigkeit und Ärger. Man denkt an Schwierigkeiten, die bewältigt werden müssen, und an die damit verbundenen Anstrengungen. Das sind wohl kaum gute Voraussetzungen, um ein Problem zu lösen. Wie aber können wir das ändern?

Betrachten wir das ,,Problem" einmal anders. Vielleicht werden Sie sich wundern, wie viele Sichtweisen man finden kann, wenn man die Augen offenhält.

Für den Mathematiker oder den Wissenschaftler ist ein Problem einfach eine Aufgabe, eine Fragestellung, auf die er eine Antwort sucht. Und auf diese Antwort ist er meistens sehr, sehr neugierig . . .

Für andere ist ein Problem eine Situation, in der sie nicht genau wissen, wie sie vorgehen sollen. Also eine willkommene Gelegenheit zum Experimentieren — wenn ich nicht von vorneherein den richtigen Weg kenne, ist einer so gut wie der andere; nach dem ersten Versuch werde ich auf jeden Fall mehr wissen als vorher. Als Kind haben uns Suchspiele und Ratespiele immer viel Spaß gemacht. Warum sollen wir es heute nicht auch so halten, statt uns darüber zu ärgern?

Nennen Sie jetzt das Problem, an das Sie vorhin gedacht haben, einmal anders — eine Aufgabe, eine Lernchance, eine Entscheidungsmöglichkeit, ein Experimentierfeld — was würde am besten passen? Vielleicht fallen Ihnen noch bessere Umdeutungen ein. Wie verändern sich Ihre Einstellung und Ihr Gefühl dazu, wenn Sie jetzt so darüber nachdenken?

Solche Umdeutungen lassen sich nicht nur für ein ,,Problem" finden, sondern auch für zahlreiche andere negativ besetzte Wörter.

Einige Beispiele dazu:

- Ein Mißerfolg ist immer auch eine Information darüber, was nicht funktioniert.
- Eine Krise kann ein rechtzeitiger Hinweis auf eine Schwachstelle sein, bevor es zur Katastrophe kommt.
- Jede Schwierigkeit ist eine Chance und Herausforderung, um zu beweisen, was ich kann, oder um neue Fähigkeiten zu erwerben . . .

„Ist diese ‚rosarote Brille' nicht gefährlich?" könnten Sie jetzt fragen. Geht diese einseitige Betrachtung nicht auf Kosten eines gesunden Realismus, unterschätzen wir dann nicht Gefahren? Diese Gefahr besteht durchaus. Die „rosarote Brille" ist genau so gefährlich und einseitig wie die „schwarze Brille". Sie hat nur einen Vorteil: Sie macht mehr Spaß, sie setzt mehr Energien frei.

Mit der gleichen Anstrengung, mit der wir es uns schwermachen, könnten wir es uns ebensogut leicht machen. Und die realistische Sichtweise wird erst möglich, wenn wir beide Seiten bewerten. Je mehr Blickwinkel wir finden, je umfassender unsere Sicht des „Problems" (der „Lernchance") ist, desto leichter können wir Ansatzpunkte finden, wie wir weiterkommen.

Die Fähigkeit, umdeuten zu können, hängt entscheidend von Ihrer inneren Einstellung und Bereitschaft ab. Wer an seinem „Problem" hängt, weil er das kennt und es in gewisser Weise Sicherheit bietet, der wird kaum einen Schritt zurücktreten wollen (und können?), um neue Blickwinkel und Ansatzpunkte zu finden.

Kindliche Neugier ist die beste Voraussetzung für Umdeutungen. Hören Sie einmal Kindern aufmerksam zu, und Sie werden überrascht sein, welche neuen Perspektiven sich Ihnen eröffnen können.

Ganz wichtig ist die Einstellung zum Umdeuten auch im Umgang mit anderen Menschen. Die meisten Leute sind bereit dazuzulernen, wenn sie die Chance sehen, durch neue Verhaltensweisen erfolgreicher zu sein. Ebenso leisten die meisten aber Widerstand, wenn man sie auf ihre „Fehler" aufmerksam macht und verlangt, daß sie sich ändern oder etwas „verbessern" sollen.

Deshalb schlagen wir Ihnen hier gleich eine kleine Übung vor:

Vorübung: Umdeuten (I)

Suchen Sie sich einen Partner, der Lust hat, etwas Neues auszuprobieren. Ideal ist es, wenn Sie diese Übung mit mehreren Leuten (ca. vier bis sechs) machen, weil mehr Köpfe auch mehr Ideen haben.

Erklären Sie den anderen kurz das Umdeuten, am besten an einem Beispiel.

Die erste Variante: Sie entdecken in jedem Verhalten die gute Absicht. Etwa: Martina kommt immer zu spät. Die Mitspieler unterstellen jetzt alle möglichen guten Absichten:

- Sie will den anderen diese undankbare Rolle abnehmen.
- Sie hält sich für so unwichtig, daß die anderen sowieso nicht auf sie warten müssen.
- Sie will die anderen nicht soviel Zeit kosten.

Die Vorschläge dürfen – sollen! – ruhig ausgefallen, witzig, ungewöhnlich sein. Die Chance, ,,das Richtige'' zu treffen, ist viel unwichtiger als die Gelegenheit, zu beobachten, welche überraschenden Wirkungen diese Umdeutungen haben können.

Die zweite Variante: Sie finden zu jedem Verhalten die ,,richtige'' Gelegenheit, das heißt eine Situation, in der dieses Verhalten das einzig Vernünftige sein dürfte.

Wenn Julia sich beklagt, sie könne nicht nein sagen, denken natürlich alle erst an die kritischen Situationen, die damit heraufbeschworen werden könnten: Arbeitsüberlastung, Ausnutzung durch andere, Unselbständigkeit . . . Aber jetzt suchen die Mitspieler die Situationen, in denen dieses Verhalten absolut angebracht ist:

- wenn ein Hilfsbedürftiger um etwas bittet;
- wenn sie eine große Chance erhält und sofort nutzt;

– wenn sie eigentlich auch „Ja" meint.

So bringt abwechselnd immer einer aus der Runde ein Beispiel eines Verhaltens, das ihn an sich selbst oder an anderen stört. Die übrigen Teilnehmer können ihrer Phantasie freien Lauf lassen und Umdeutungen dafür anbieten.

Das Prinzip der Übung: Es gibt keine falschen oder richtigen Umdeutungen. Beobachten Sie Ihren Gesprächspartner genau und finden Sie heraus, worauf er reagiert. Wenn ein Vorschlag keine sichtbare Änderung in seiner Mimik, Gestik oder Körperhaltung bringt, dann vergessen Sie ihn und probieren Sie etwas Neues aus.

Das alles können Sie leichter auslösen und beobachten, wenn Sie nicht viel Überflüssiges drumherumreden. Der „Spieler" nennt sein „Fehlverhalten", und die anderen sprechen in kurzen, klaren Sätzen die gute Absicht oder die passende Situation an. Oft ist es auch hilfreich, wenn der Spieler den Satz direkt zu einem Mitspieler sagt, der dann darauf antwortet. Manchmal ist auch eine Kunstpause von einigen Sekunden vor dem Umdeutungsangebot äußerst wirksam.

Bei den „Treffern" werden Sie immer deutliche Veränderungen bei Ihrem Partner sehen: so als sei ihm ein Licht aufgegangen, als sei er sprachlos, weil er an diese Möglichkeit ja noch nie gedacht hatte . . . usw. Manche nennen das Gefühl bei einem „Treffer" Aha-Erlebnis, andere sprechen von einer „Mini-Erleuchtung" oder von einem Geistesblitz. Oft muß derjenige auch einfach spontan lachen!

Die verschiedenen Seiten unserer Persönlichkeit

Bei dieser Übung entdeckt der „Spieler" oft eine neue Seite
oder einen neuen Teil seiner Persönlichkeit. Dieses Konzept
von mehreren Teilen der Persönlichkeit findet sich auch schon
in der Alltagssprache in vielen Redewendungen: Beim „Kind
im Manne" ebenso wie bei „zwei Seelen in einer Brust", man
ist „mit sich uneins" oder fühlt sich „gespalten" oder gar
„zerrissen". Probleme tauchen immer dann auf, wenn diese
verschiedenen Seiten oder Anteile im Widerspruch zueinander
stehen.

Am Beginn dieses Kapitels haben wir beschrieben, daß jedem Verhalten eine positive Absicht zugrunde liegt. Stellen wir
uns jetzt vor, daß jeweils ein „Teil" in uns für eine solche gute
Absicht verantwortlich ist und diese Absicht auch unbedingt
erreichen möchte. Nun kann es vorkommen, daß das Verhalten
zur Realisierung nicht gut zum Rest der Person paßt. Will man
diesen Teil jetzt korrigieren, unterdrücken oder gar loswerden,
so wird man nur eines ernten: Widerstand. Denn der Teil weiß
ja um seine gute Absicht. Also ist es viel wichtiger, diese gute
Absicht ernst zu nehmen und den Teil zur Zusammenarbeit zu
bewegen.

Oft ist es so, daß der für ein Problemverhalten verantwortli-
che Teil nur einfach nicht „weiß", wie er seine positiven Absichten auf angenehmere Art und Weise erreichen könnte.
Manchmal kommt noch dazu, daß auf dem Weg, auf dem die
Absicht realisiert wird, noch ein interessanter Nebeneffekt erreicht wird; Psychologen sprechen dann vom „sekundären Gewinn". Gerade diese Nebeneffekte sind weitgehend unbewußt
und deshalb einer absichtlichen Kontrolle gar nicht zugänglich.
Um zu neuen Alternativen zu kommen, führt der Weg nur über
die ursprüngliche gute Absicht und über das Absichern des Ne-
beneffektes. Selten läßt sich eine entsprechende neue Verhaltensweise „einfach so" finden. Manchmal ist gerade die
Verquickung aller Nebeneffekte in der gewohnten Lösung so

genial einfach und elegant, daß man fast versucht ist, sie trotz ihrer störenden Auswirkungen zu bewundern.

Gerade darin liegt der Schlüssel zur Lösung. Wenn wir die bisherigen Lösungsversuche all unserer Persönlichkeitsanteile ehrlich schätzen und akzeptieren, ist das die beste Voraussetzung für eine konstruktive Zusammenarbeit mit diesen Teilen für weitergehende Lösungen.

Bleiben wir bei diesem ,,Teilemodell'' der Persönlichkeit, so können wir bei jedem Menschen einen unschätzbar wichtigen Verbündeten finden, der praktisch nur darauf wartet, sich an neuen Lösungsvorschlägen — gerade wenn sie etwas knifflig sind — zu versuchen. Das ist sein kreativer Teil. Überlegen Sie einmal, wann Ihr kreativer Teil in der letzten Zeit wieder einmal so richtig geglänzt hat mit einer neuen Idee, einem neuen Einfall. Und wenn Sie bei der Suche ein bißchen weiter zurückgehen müssen: Mindestens die Streiche in der Schulzeit geben ein beredtes Zeugnis von dem Einfallsreichtum, den unser kreativer Teil damals schon zur Verfügung gestellt hat.

Eine gute Möglichkeit besteht nun darin, den kreativen Teil eine Reihe von Lösungen vorschlagen zu lassen, die die gute Absicht und den positiven Nebeneffekt garantieren, und den für das kritische Verhalten verantwortlichen Teil eine — oder besser mehrere — Lösungen zum Ausprobieren auswählen zu lassen. Das hört sich fast an wie eine Problemlösungskonferenz oder eine Parteienverhandlung, und dieses Bild eignet sich tatsächlich gut als Denkmodell für die Einigungen, die da erreicht werden.

Vielleicht fragen Sie sich nun, wie wir mit diesen ,,Teilen'' reden können. Sie sind doch eigentlich verschiedene Seiten unserer ungeteilten Persönlichkeit, und wer ist das ,,Ich'', das mit Ihnen reden will? Die Frage ist nur rhetorisch — wir können uns nach einiger Übung mit jeder Seite, die wir an uns entdecken, voll und ganz identifizieren und von ihr aus mit einer anderen Seite reden und umgehen, als wäre sie ein anderer

Mensch. Wir werden gleich zu solchen Übungen kommen, wollen aber vorher noch etwas ausführlicher über die einzelnen Aspekte nachdenken, die dabei eine Rolle spielen.

Im „Normalzustand" identifizieren sich die meisten von uns mit ihrem Bewußtsein. Es ist spannend zu erleben, welche Erfahrungen man machen kann, wenn man mit seinen unbewußten Teilen arbeitet.

Der erste Schritt auf diesem Weg ist überhaupt die Kontaktaufnahme zu dem Teil, der für das Problemverhalten verantwortlich ist. Für einen respektvollen Umgang unseres Bewußtseins mit diesem Teil ist es sehr förderlich, wenn man sich überlegt, welche Stärken und Verdienste dieser Teil hat, was er für mich Gutes tut.

Sie wissen schon: Wenn Sie diesen Teil − wir nennen ihn jetzt der Kürze halber einfach X − für einen Feind oder Dummkopf halten, weil er bei der Verfolgung seiner Absichten unerwünschte Wirkungen erreicht, tun Sie ihm bitter unrecht. Das wäre fast so, als wolle man den Zahnarzt verteufeln, weil er bohrt und Bohren weh tut, denn er tut das Beste, was er für den gegebenen Fall parat hat. Der Zahnarzt hat auch schon Karies und andere mögliche Krankheitsherde entdeckt, bevor uns irgend etwas davon bewußt geworden ist. Genau so hat X seine Aufgabe jahrelang erfolgreich und einzigartig gelöst, höchstwahrscheinlich ohne daß wir es bewußt gemerkt oder die Aufgabe überhaupt gekannt haben. Und wenn wir ihn wegen den unerwünschten Erscheinungen unterdrücken wollten, so hat er sich doch immer wieder durchgesetzt. Einen so widerstandsfähigen, zuverlässigen und unermüdlichen Helfer können wir doch eigentlich nur begrüßen.

Betrachtet man nur das Problem, neigt man dazu, diesen Teil über seine unerwünschten Nebenwirkungen zu definieren: den Kettenraucher-Teil, den Zuviel-Eß-Teil, den Zuspätkommer-Teil, den Krawall-Teil . . . Kettenrauchen, übermäßiges Essen, Zuspätkommen, Krawall − alle diese Bezeichnungen haben schon eine negative Bewertung in sich. Geht es nicht auch anders?

Mit unserer Benennung „X" haben wir schon einen ersten Versuch zur „Neutralisierung" gemacht. Als nächstes könnten wir X neu benennen, und zwar diesmal wertfrei: Raucher-Teil, Eß-Teil, Zeitnehmer-Teil, Laut-äußern-Teil — das klingt doch schon ganz anders.

Wir können dabei noch einen Schritt weiterdenken. Wir wissen schon, daß X eine gute Absicht für uns verfolgt. Warum nicht ihn mit diesem positiven Ziel benennen? Vielleicht lernen wir einen Behaglichkeits-Teil kennen, einen Sicherheits-Teil, einen Ruhe-Teil und einen Kraft-Teil. Dieser Schritt ist natürlich um so sinnvoller, je besser wir die gute Absicht von X kennen. Und das ist ja nicht von vorneherein gegeben. Aber das Gedankenspiel erleichtert es, X positiv anzureden statt ihn mit Schimpfnamen zu belegen, auf die niemand bereitwillig antworten würde. Leute, die ihren „inneren Schweinehund" bekämpfen wollen, können sich auf einen langen Kampf einstellen. Und wer verliert dabei? Warum nicht eine partnerschaftliche Kooperation mit ihm, der sowieso ein Teil von uns ist? So können beide Seiten dazugewinnen.

Wenn wir einmal herausgefunden haben, wie X anzusprechen ist, können wir noch dafür sorgen, einen passenden Rahmen für unser Gespräch zu finden. Eine wichtige Konferenz werden Sie auch nicht gerade auf dem Bahnsteig abhalten, und mit einem neuen Freund werden Sie nicht zwischen Tür und Angel diskutieren.

Sicher kennen Sie Situationen, in denen Sie so intensiv überlegen, daß Sie ganz geistesabwesend wirken. Das ist eigentlich ein deutliches Anzeichen, daß Sie solche „inneren Dialoge" führen können und schon öfter geführt haben. Genau diese Konzentration nach innen ist auch die richtige Ausgangslage für ein Gespräch mit X. Dem einen hilft es, wenn er sich dazu auf seinen Lieblingssessel zurückzieht, der andere geht dazu in den Park und setzt sich auf eine Bank, der dritte legt sich auf den Liegestuhl — im allgemeinen wird Entspannung als unterstützend erlebt. Nennen Sie diesen Zustand nachdenken, konzentrieren, meditieren, Trance oder Tagtraum, der Name spielt keine Rolle. Wichtig ist, daß Sie nach einiger Zeit und einigen Versuchen herausfinden, wie Sie am einfachsten in Kontakt mit Ihren unbewußten Teilen kommen. Erinnern Sie sich, wie man gezielt Anker setzen kann, die einen bestimmten Zustand unterstützen oder auslösen? Entsprechend können Sie alle Ihre Gespräche mit Ihren inneren Teilen an einem bestimmten Platz, in einer bestimmten Haltung, mit einer bestimmten Musik „ankern". Für die meisten Leute ist es am einfachsten, wenn sie die Augen geschlossen halten, andere schauen in ein Kerzenlicht oder einfach vor sich hin auf einen Punkt an der Wand. Wie immer Sie das machen wollen – es ist der richtige Weg, *Ihre* Erfahrungen zu machen.

Und um Ihre Erfahrung zu machen, suchen Sie nun eine Verhaltensweise aus, die Sie schon seit langem bei sich kritisieren, ohne sie verändern zu können. Wenn es ein Verhalten ist, das schon sehr stark zur Gewohnheit geworden ist, werden Sie es nach der ersten Übung wohl nicht radikal verändern; aber auch bei einem solchen Beispiel lohnt es sich, den entsprechenden Teil kennenzulernen. Suchen Sie sich den richtigen Platz und die richtige Zeit für die nächste Übung aus, um mit dem verantwortlichen Teil Kontakt aufzunehmen. Sie sollten ihm und sich schon eine angenehme Atmosphäre und etwas Ruhe gönnen.

Lesen Sie sich die Übung zuerst ganz durch. Schreiben Sie sich dann die einzelnen Fragen auf Zettel, die Sie nacheinander während der Übung leicht lesen können, ohne im Buch suchen zu müssen. Oder sprechen Sie die Frage auf Tonband, lassen es dann ablaufen und halten es nach jeder Frage an, bis Sie mit der Antwort zufrieden sind. Oder lassen Sie sich von einem Freund oder einer Freundin helfen, der/die die Fragen vorliest und abwartet, bis Sie ihm/ihr ein kleines Fingerzeichen für die nächste Frage geben. Die Antworten brauchen Sie ihm natürlich nicht zu geben, auch wenn er/sie neugierig ist.

Übung: Umdeuten (II) — neue Lösungen

Nehmen Sie sich Zeit, entspannen Sie sich. Denken Sie an eine bestimmte Verhaltensweise, mit der Sie sich beschäftigen wollen. Konzentrieren Sie sich auf sich selbst. Denken Sie daran, daß ein Teil von Ihnen, den Sie jetzt noch nicht kennen, mit diesem Verhalten irgend etwas Positives für Sie bezweckt. Mit diesem Teil können Sie in dieser Übung Kontakt aufnehmen. Vielleicht ist es ähnlich, als ob Sie sich mit jemand unterhalten, mit dem Sie noch nie zuvor gesprochen haben — auf alle Fälle können Sie dadurch einige Neuigkeiten erfahren.

1. Fragen Sie den Teil X, ob er bereit ist, mit Ihnen zu sprechen

Nennen wir den Teil in Ihnen, der für das unerwünschte Verhalten verantwortlich ist, „Teil X". Sprechen Sie nun diesen Teil direkt an. Wichtig ist, daß Sie direkt und ganz konkret mit ihm reden — es kann sein, daß er Andeutungen und indirekte Ausdrucksweisen schlecht versteht. Sagen Sie zum Beispiel: „Hallo Teil X, ich möchte gern mit Dir sprechen. Bist du einverstanden und bereit, mit mir Kontakt aufzunehmen?" Denken Sie daran, daß unbewußte Teile die Sprache manchmal sehr wörtlich nehmen. Wenn Sie hier nur sagen, daß Sie mit ihm reden wollen, wird er vielleicht keine Veranlassung sehen, darauf zu antworten. Das Unbewußte läßt sich nicht gerne auf nur eine Reaktionsform festlegen.

Seien Sie offen für die Art und Weise, wie der Teil antworten wird. Es ist recht unwahrscheinlich, daß er eine wohlgesetzte Rede halten wird wie „Guten Tag, hier bin ich — was kann ich für dich tun?" Die Antwort kann aus Bildern, Gedanken oder Gefühlen bestehen. Achten Sie auf Ihre innere Wahrnehmung; viele Zeichen sind möglich. Oft sind recht ungewohnte Reaktionen die Antwort: eine Farbempfindung, ein undeutliches Bild, ein Summen im Ohr, ein Ziehen im großen Zeh, ein leichtes Flattern der Augenlider . . .

Wenn Sie sich noch nicht sicher sind, ob es wirklich der Teil X war, der sich da gemeldet hat, entschuldigen Sie sich bei ihm für Ihre Unwissenheit und bitten ihn, sein Zeichen zu wiederholen. Wenn er Ihnen schon einmal geantwortet hat, wird er sein Zeichen in aller Regel gerne wiederholen − wenn Sie höflich und respektvoll mit ihm umgehen. Akzeptieren Sie seine Sprache; er hat ja auch Ihre Anrede akzeptiert, obwohl sie vielleicht auch nicht gerade die gewöhnliche Kommunikationsform für ihn ist.

Bedanken Sie sich dann erst einmal für seine Bereitschaft, mit Ihnen Verbindung aufzunehmen. Nach allem, was Sie ihm vielleicht bisher unterstellt oder gar gegen ihn unternommen haben, ist es schon beachtlich, daß er sich zum Gespräch bereit zeigt. Jedenfalls ist es nicht selbstverständlich.

Merken Sie sich die Art und Weise, wie sich Ihr Gesprächspartner gemeldet hat. Er wird sie vermutlich noch öfter benutzen, um Ihnen seine Zustimmung zu signalisieren.

2. Fragen Sie ihn nach seiner guten Absicht, die er mit dem Verhalten X erreichen will

Erklären Sie ihm, daß Sie davon ausgehen, daß er Gutes für Sie will und daß Sie das anerkennen und respektieren. Er ist ja schließlich ein Teil von Ihnen. Nur ist Ihnen bis jetzt noch nicht so recht klar, was denn seine positive Absicht eigentlich ist. Fragen Sie ihn danach und achten Sie wieder auf Ihre innere Wahrnehmung. Die Antwort kann ähnlich wie zuvor, aber auch ganz anders ausfallen: Bilder, Töne, Sätze, Geräuschempfindungen, Gefühle oder ein neuer Geruch oder Geschmack sind möglich.

Vielleicht haben Sie auch den Eindruck, keine klare, eindeutige Antwort zu bekommen – obwohl Sie mit dem Teil X in Kontakt sind. Das ist immer dann der Fall, wenn der Teil glaubt, daß der Inhalt seiner guten Absicht im Unterbewußtsein besser aufgehoben ist. Das Bewußtsein muß ja nicht alles wissen – erinnern Sie sich nur an das erste Kapitel zurück! Fragen Sie dann den Teil X nur, ob er eine gute Absicht hat und sich darüber im klaren ist. Wenn Sie hier wieder ein „Ja" bekommen wie in Schritt 1, reicht das völlig aus. Sie können dann gleich zu Schritt 3 weitergehen.

Wenn Ihnen die positive Absicht bewußt wurde, können sich Vorahnungen bestätigt haben. Vielleicht sind Sie auch völlig überrascht von dem, was dieser Teil da für Sie tut. In jedem Fall können Sie den Teil X nun bei seinem „richtigen" Namen nennen: zum Beispiel Beschützer oder aktiver Teil oder Erholungs-Teil . . . je nachdem, was seine gute Absicht ist. (Wir bleiben in den nächsten Schritten der Einfachheit halber bei „Teil X"; benutzen Sie aber ruhig den neuen, positiven Namen.)

Sagen Sie dem Teil X, daß Sie mit der Art, wie er seine gute Absicht umsetzt, Schwierigkeiten haben. Bitten Sie ihn, Sie beim Suchen zusätzlicher Wege zu unterstützen.

3. Lassen Sie Ihren kreativen Teil neue Wege finden

Bei der Suche nach neuen Lösungen haben Sie einen sehr guten Helfer: den kreativen, einfallsreichen, erfinderischen Teil in Ihnen. Ihn braucht man meist nicht lange um Mithilfe zu bitten, weil ihm das sowieso viel Spaß macht. Es genügt schon, wenn Sie sich an eine Gelegenheit erinnern, als Sie einmal voller Ideen waren, kreativ und mit Lust und Laune an der Sache. Da hat Ihnen auch Ihr kreativer Teil geholfen, und so können Sie mit ihm in Kontakt treten.

Übrigens – es kann gut sein, daß sich auch Ihr Körpergefühl, Ihre Haltung oder Atmung verändert, während Sie an Ihren kreativen Teil denken. Das ist ein weiteres Zeichen dafür, daß Sie mit ihm schon in Verbindung stehen.

Bitten Sie nun den kreativen Teil, sich mit dem Teil X zusammenzutun. Er soll mindestens drei neue Möglichkeiten finden, wie die gute Absicht von X auf andere Art und Weise erreicht werden kann – ohne das Verhalten X. Diese neuen Wege sollen genauso wirksam und hilfreich sein wie X und genauso leicht anzuwenden. Außerdem sollen sie für alle Beteiligten sinnvoll und angemessen sein. Das liest sich vielleicht schwierig, ist aber für den kreativen Teil eine ganz leichte Sache, denn seine Spezialität ist es, viele neue Ideen zu haben.

Wenn Ihnen die neuen Wege nicht im Bewußtsein zugänglich sind, bitten Sie die beiden wieder um ein Zeichen für jede Lösung. Oft ist es übrigens das ,,Ja'', das Sie von Teil X schon kennen, vielleicht läßt sich Ihr kreativer Teil aber auch etwas ganz anderes einfallen, um Sie zu informieren.

Am Ende bedanken Sie sich bei Ihrem kreativen Teil. Er ist meist sehr kontaktfreudig und freut sich über solche Zuwendung.

4. Fragen Sie Teil X, ob er mit den neuen Vorschlägen einverstanden ist

Sagen Sie Teil X auf jeden Fall, daß er seine alte Lösung X beibehalten und immer darauf zurückgreifen kann, wenn er es für nötig hält. Fragen Sie ihn dann, ob er jetzt bereit ist, die neuen Möglichkeiten auszuprobieren und in der nächsten Zeit anzuwenden.

Wenn er zustimmt, gehen Sie gleich zu Schritt 5 weiter. Wenn nicht, fragen Sie ihn, unter welchen Bedingungen er bereit wäre, das zu tun. Vielleicht muß die eine oder andere Lösung noch etwas verändert werden. Bitten Sie den kreativen Teil, X dabei zu helfen. Bleiben Sie bei dieser „Feinarbeit" so lange, bis Sie von X ein klares „Ja" bekommen, daß er die neuen Lösungen ausprobieren wird.

Wenn Sie dieses Zeichen nicht bekommen, verhalten Sie sich wie bei jedem anderen Gespräch auch. Vielleicht ist es Ihrem Gesprächspartner im Moment zu viel, und er braucht eine Pause oder Bedenkzeit. Vereinbaren Sie also mit X einen Zeitpunkt, an dem Sie das Gespräch fortsetzen. (X kann sich in der Zwischenzeit mit dem kreativen Teil weiter beraten – das geht oft besonders gut, wenn der Teil, der für Ihre Träume zuständig ist, dabei mithilft. Dann können sich nämlich alle „unbewußten Beteiligten" sicher fühlen, daß sie vom Bewußtsein nicht etwa belauscht oder gar überrumpelt werden . . .)

5. Fragen Sie: „Gibt es Teile, die Einwände gegen die neuen Wege haben?"

Manchmal kommt es vor, daß noch ein dritter Teil von der alten Lösung X profitiert hat und deshalb mit den neuen Lösungen nicht einverstanden ist. Oder ein anderer Teil fühlt sich von der neuen Lösung bedroht und wehrt sich.

Wenn Sie fragen, meldet sich jeder dieser „Einwand-Teile" auf irgendeine Art und Weise. Wichtig ist, daß Sie wirklich ganz aufmerksam sind für diese Botschaften. Sonst würde der betroffene Teil, der nicht gehört wurde, die neuen Wege ja mit allen Mitteln boykottieren.

Danken Sie also diesen Teilen für ihre Einwände; jeder von ihnen hat auch eine gute Absicht dahinter. Finden Sie diese Absicht heraus (Schritt 2) und beziehen Sie dann auch diesen neuen Teil in das Gespräch zwischen Teil X und dem kreativen Teil mit ein. Sie sollen zu dritt die drei neuen Wege entsprechend ändern, so daß alle einverstanden sind.

(Wenn hier mehrere Teile Einwände erheben, bitten Sie alle zu einer „Konferenz". Wir werden darauf im nächsten Abschnitt ausführlich eingehen.)

Es kann durchaus sein, daß sich an dieser Stelle keine Einwände melden und daß X schon zugestimmt hat. Dann können Sie sich schon im voraus auf den Erfolg der neuen Lösungswege freuen. Dabei ist es nicht entscheidend, ob Ihr Bewußtsein deren genauen Inhalt kennt. Entscheidend ist, daß die neuen Wege erfolgreich sind und Sie die Zufriedenheit erleben, daß die alte störende Verhaltensweise nun nicht mehr notwendig ist. Die unbewußte Absicht wird jetzt auf neue Art und Weise verwirklicht, so daß es für Sie und andere Beteiligte hilfreich und sinnvoll ist.

6. Stellen Sie sich lebhaft vor, wie schön es sein wird, die neuen Lösungen zu erleben

Erlauben Sie sich einen „Tagtraum", eine „innere Reise" . . . Wie werden die neuen Möglichkeiten aussehen? Wie werden sie sich anfühlen? Was werden Sie oder andere sagen, wenn Sie wieder in eine Situation kommen, die früher regelmäßig zum Verhalten X geführt hat und die jetzt auf völlig neue – und überraschende – Weise gemeistert wird?

Bleiben Sie bei dieser Phantasie, solange es Ihnen Spaß macht. Dann beenden Sie die Übung – vielleicht mit einem Gefühl, als seien Sie soeben aus einem angenehmen Traum erwacht . . .?

Umdeuten

① Kontaktbereitschaft von Teil „X" erbitten

⬇

② Gute Absicht erfragen

⬇

③ Neue Lösungen mit dem kreativen Teil erarbeiten

⬇

④ Einverständnis von X prüfen

⬇

⑤ Einwände anderer Teile prüfen

⬇

⑥ Lösung vorstellen („Tagtraum")

Interne Problemlösungskonferenz

Wie schon gesagt, ist es nicht immer so, daß genau *ein* Teil für ein bestimmtes Verhalten verantwortlich ist. Manchmal sind sogar mehrere Teile im Spiel, und es wäre etwas schwierig, immer mit einem zu verhandeln und dann die Einwände der anderen wieder aufzuarbeiten, dann zum nächsten zu gehen und dessen Interessen zu bearbeiten, nun die Einwände der anderen hierzu zu klären — besser ist es dann, Sie holen alle Beteiligten ,,an einen Tisch''. Diese Möglichkeit können Sie auch dann anwenden, wenn in der zuletzt beschriebenen Übung zu viele Teile Einwände erheben. Besonders wichtig ist die Konferenzlösung immer dann, wenn zwei oder mehrere Teile verschiedene gute Absichten haben, die sich in gewisser Weise zu widersprechen scheinen. Ein solcher Konflikt ist nur unter Berücksichtigung aller Betroffenen zu lösen.

Übung: Umdeuten (III) — Verhandlung

Gehen Sie zu Beginn genauso vor wie bei der letzten Übung.

1. Nehmen Sie Kontakt auf zu dem Teil X, der für das Verhalten verantwortlich ist

- Fragen Sie nach seiner positiven Absicht.
- Fragen Sie, durch wen oder was er sich dabei gestört fühlt.

2. Nehmen Sie zu dem ,,störenden'' Teil Y Kontakt auf

- Fragen Sie nach seiner positiven Absicht.
- Fragen Sie ihn, ob er sich seinerseits von X gestört fühlt.

– Wenn nicht, können Sie mit diesem Teil Y und der Unterstützung des kreativen Teils wie in der letzten Übung einfach neue Alternativen entwickeln, die X nicht beeinträchtigen.
– Wenn ja, dann fragen Sie ihn, ob er bereit wäre, Teil X ungestört wirken zu lassen, wenn dieser umgekehrt ihn nicht stören würde.
Wenn nicht, lassen sich vielleicht Bedingungen ermitteln, die eine Zustimmung möglich machen?
Bejaht er dies, geht es weiter:

3. Fragen Sie X, ob er bereit wäre, Teil Y ungestört wirken zu lassen, wenn dieser umgekehrt ihn nicht stören würde

Weisen Sie darauf hin, daß Y schon zugestimmt hat. Informieren Sie ihn gegebenenfalls über die Bedingungen, und fragen Sie umgekehrt nach seinen Bedingungen, wenn er nicht gleich zustimmen will.

4. Fragen Sie nacheinander jeden Teil, ob er bereit ist, sich für eine bestimmte Zeit an dieses neue Abkommen zu halten

Wenn ein Teil dies nicht bestätigt, fragen Sie ihn, ob er noch zusätzliche Bedingungen hat, und gehen nochmals durch die Stufen 2 und 3. Bitten Sie nötigenfalls den kreativen Teil um Mithilfe.

5. Fragen Sie: ,,Gibt es Teile die Einwände gegen dieses Abkommen haben?''

Auch hier könnte es sein, daß noch ein dritter Teil von der alten Lösung profitiert hat und deshalb mit den neuen Lösungen nicht einverstanden ist. Oder ein anderer Teil fühlt sich von der neuen Lösung bedroht und wehrt sich.

Wenn Sie fragen, meldet sich jeder dieser „Einwand-Teile" auf irgendeine Art und Weise. Wichtig ist, daß Sie wirklich ganz aufmerksam sind für diese Botschaften.

Danken Sie diesen Teilen für ihre Einwände; jeder von ihnen hat auch eine gute Absicht dahinter. Finden Sie diese Absicht heraus (Schritt 2) und beziehen Sie dann auch diesen neuen Teil in das Gespräch zwischen Teil X und kreativem Teil mit ein. Sie sollen die neuen Wege entsprechend ändern, so daß alle einverstanden sind.

Gerade für diese umfangreicheren „Konferenzen" gibt es einen Ort und eine Zeit, die besonders gut zur Organisation und Durchführung geeignet ist; das sind unsere Träume. Wir können unseren Traum-Teil bitten, daß er die Organisation übernimmt. Außerdem können wir fragen, welcher Teil die Verantwortung übernehmen möchte, daß die Konferenz durchgeführt und die Lösungsvorschläge umgesetzt werden. Für alle Beteiligten können Sie wieder die Schutzregel einbauen: Wer nicht zufrieden ist, kann ja nach der alten Art und Weise vorgehen — es wird also nie schwieriger werden, als es vorher war.

Es kann durchaus sein, daß sich an dieser Stelle keine Einwände gemeldet haben. Dann können Sie sich wieder im voraus auf den Erfolg der neuen Lösungswege freuen. Dazu braucht Ihr Bewußtsein deren genauen Inhalt nicht zu kennen. Gerade wenn eine Verhandlung im Traum bearbeitet wird, ist das Bewußtsein ja meistens nicht daran beteiligt. Entscheidend ist, daß die neuen Wege erfolgreich sind und Sie die Zufriedenheit erleben, daß die alte störende Verhaltensweise nun nicht mehr notwendig ist. Die unbewußte Absicht wird jetzt auf neue Art und Weise verwirklicht, so daß es für Sie und andere Beteiligte hilfreich und sinnvoll ist.

6. Stellen Sie sich lebhaft vor, wie schön es sein wird, die neuen Lösungen zu erleben

Erlauben Sie sich einen „Tagtraum", eine „innere Reise" ... Wie werden die neuen Möglichkeiten aussehen? Wie werden sie sich anfühlen? Was werden Sie oder andere sagen, wenn Sie wieder in eine Situation kommen, die früher regelmäßig zum Verhalten X geführt hat und die jetzt auf völlig neue – und überraschende – Weise gemeistert wird?

Bleiben Sie bei dieser Phantasie, solange es Ihnen Spaß macht. Dann beenden Sie die Übung – vielleicht mit einem Gefühl, als seien Sie soeben aus einem angenehmen Traum erwacht ...?

Umdeuten

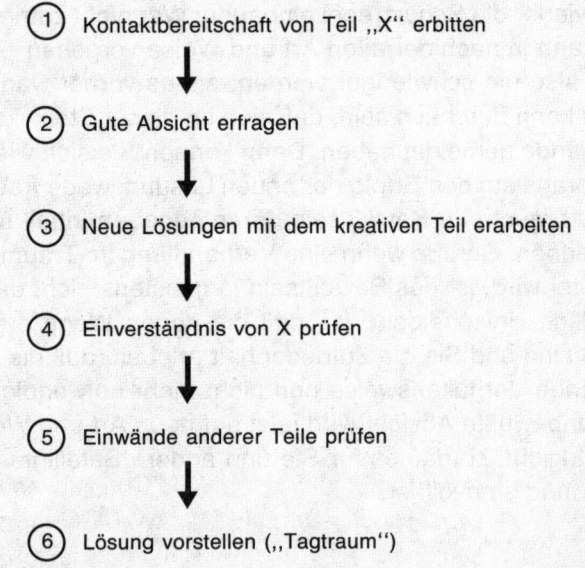

① Kontaktbereitschaft von Teil „X" erbitten

② Gute Absicht erfragen

③ Neue Lösungen mit dem kreativen Teil erarbeiten

④ Einverständnis von X prüfen

⑤ Einwände anderer Teile prüfen

⑥ Lösung vorstellen („Tagtraum")

6. Kapitel

Positiv denken – positiv leben
oder
Wie man Ziele erreichbar macht

Positives Denken

Machen wir einmal ein Experiment:
***** Bitte denken Sie *nicht* an einen rosa Elefanten! *****

Danke für den Versuch. Ist er Ihnen gelungen? Wenn nicht, machen Sie sich nichts draus, das ist völlig normal, wie Sie gleich sehen werden. Sie haben es doch geschafft? Dann gratulieren wir Ihnen. Aber – an was haben Sie dann gedacht? An einen grauen, weißen, schwarzen oder einen anderen Elefanten? Oder an ein rosa Himmelbett – rosa Bonbons – rosarote Sonnenbrillen? Oder an etwas ganz anderes?

Genau – das ist es: Wir können nicht an etwas *nicht* denken. Wenn wir das versuchen, denken wir trotzdem daran, wenigstens an den einen oder anderen Aspekt (,,rosa" oder ,,Elefant"). Oder wir denken an etwas anderes; aber das ist eben genausowenig ,,nichts", sondern etwas Bestimmtes (wenn auch etwas anderes als ein rosa Elefant in diesem Beispiel).

Ist das Wortklauberei? Sinnloses Philosophieren?

Ja und nein. Natürlich werden hier Wörter wörtlich genommen, aber es ist eben nicht nur Wortklauberei. Natürlich ist ein bißchen Philosophie dabei, aber die ist sehr sinnvoll.

Kennen Sie den ,,Test" mit dem halb eingeschenkten Weinglas? Ist es halb voll oder halb leer? Bevor Sie weiter lesen, entscheiden Sie sich: Wie würden Sie das Glas nennen?

Wenn Sie denken ,,halb voll", haben Sie sicher Ihr Interesse auf den Wein gerichtet, der im Glas ist. Diesen Wein gibt es wirklich, also haben Sie Ihre Aufmerksamkeit auf etwas ge-

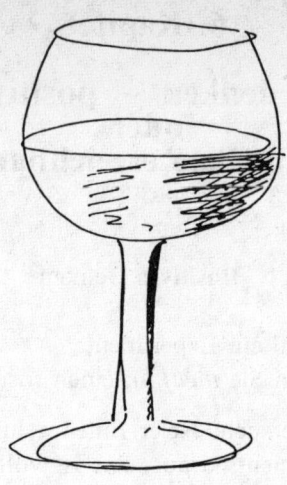

richtet, das vorhanden ist und von dem Sie etwas haben können.

Wenn Sie sagen „halb leer", haben Sie auch Ihr Interesse auf den Wein gerichtet, aber auf den, den es leider nicht gibt. Schade. Es sei denn, Sie denken „noch": das Glas ist *noch* halbleer, es ist Platz für weiteren Wein, den es noch geben soll. Aber damit denken Sie bereits an etwas, das es noch nicht gibt, das in der Realität nicht vorhanden ist . . .

Sie sehen, wir wollen nicht die platte Zuordnung nachvollziehen: Wer halb voll sagt, ist ein Optimist; wer halb leer sagt, ist ein Pessimist. Wir wollen nur Ihre Aufmerksamkeit darauf lenken, daß die sprachliche Ausdrucksweise zeigt, wie wir denken. Und wie wir denken, so bereiten wir uns auf die Aufnahme der Welt draußen vor, und wie wir unsere Umwelt wahrnehmen, so reagieren wir, und wie wir reagieren, so steuern wir unsere Erfolge – oder Mißerfolge.

Wie kommt das? Es läßt sich am besten erklären, wenn wir die Funktionsweise unseres Gehirns einmal genauer betrachten. Unser Gehirn ist ein außerordentlich vielseitiges Organ;

und es erledigt viele Dinge in einer komplexen Zusammenarbeit verschiedener Bereiche. So ist heutzutage bekannt, daß die rechte Gehirnhälfte zuständig ist für Bilder und ganzheitliches (analoges) Wahrnehmen und Denken. In der linken Hälfte ist – bei Rechtshändern – das Sprachzentrum angelegt. Es kann Dinge kommentieren und darüber sprechen; z.B. auch darüber, daß Dinge nicht vorhanden sind.

Nehmen wir als Beispiel ein Schild für Rauchverbot: Auf solchen Schildern ist eine brennende Zigarette zu sehen, die durchkreuzt ist. Das Bild – die Zigarette – wird durch ein Zeichen kommentiert: durchgestrichen bedeutet „Nein''.

Das führt zu einer bemerkenswerten Folgerung: Wenn wir etwas nicht wollen, müssen wir erst einmal daran denken. Wenn wir etwas negieren, müssen wir es erst benennen. Und indem wir es benennen, haben wir zumindest den Gedanken daran erschaffen. – Viele Väter und Mütter machen mit dieser Tatsache leidvolle Erfahrungen. In dem Moment, wo sie dem Kind zurufen: „Gib acht, daß du nicht fällst!'', ist es schon passiert: Das Kind fällt hin.

Die Erklärung dafür: die ganzheitliche rechte Gehirnhälfte arbeitet viel direkter, unmittelbarer und weitgehend unbewußt mit dem Verhalten zusammen als die reflektierende, überlegende, kommentierende linke Hemisphäre. Während wir schon darüber nachdenken, daß wir irgend etwas falsch machen, tun wir es weiter und weiter und weiter – die Bilder unserer rech-

149

ten Gehirnhälfte sind wesentlich verlockender als die verbietenden Kommentare der linken.

Verbietende Kommentare haben einfach auch den Nachteil, daß sie nicht angeben, welche Alternative statt des Verbotenen denn erlaubt und erwünscht ist. Doch nur positive Zielvorstellungen können das Verhalten entscheidend beeinflussen.

Der Wunsch ist der Vater des Gedankens, sagt der Volksmund; aber der Gedanke ist der Vater der Verwirklichung. Und was wir denken, wirkt, und was lange wirkt, wird Wirklichkeit. Wer immer nur Angst vor Kopfschmerzen hat, bekommt bestimmt welche; je öfter ich an einen Versprecher denke, desto leichter rutscht er mir heraus.

Was macht nun den Unterschied zwischen positiven und negativen Formulierungen?

,,Negativ'' bedeutet zum einen das Fehlen von etwas. Zur zweiten Bedeutung — schlecht, falsch, schädlich — kommen wir später noch (siehe S. 154). ,,Negativ denken'' kann also völlig wertfrei heißen, daß wir an das denken, was wir *nicht wollen*, und an das *nicht denken*, was wir eigentlich wollen.

Stellen Sie sich vor, ein Raucher sagt: ,,Ich will nicht mehr rauchen.'' Fragen Sie ihn einmal, was er denn will, anstatt zu rauchen. Welche Antwort erwarten Sie? Vielleicht ist der Raucher selbst erstaunt, denn darüber, was er eigentlich will, hat er sich noch gar keine Gedanken gemacht.

Wer nicht weiß, wo er hin will, braucht sich nicht wundern, wenn er ganz woanders ankommt, sagt ein Pfadfinderspruch. Wer nicht weiß, was er will, braucht sich nicht zu wundern, wenn er etwas ganz anderes bekommt. Daß unser Interesse unsere Wahrnehmung steuert, ist fast schon banal. Das wirkt sich soweit aus, daß z.B. Hungrige eher Essen entdecken als Satte. Damit unser Unterbewußtsein aber unsere Wahrnehmung und unser Handeln steuern kann, muß es wissen, worauf es sie ausrichten soll.

Dabei kann es durchaus vorkommen, daß das Unbewußte durch die Einmischung des Bewußtseins irritiert und verwirrt wird. Ein leider nicht schöner, aber überzeugender Vergleich sind die bewußten Eingriffe des Menschen in seine natürliche Umwelt, die an vielen Stellen das Gleichgewicht und Wirkungskreise, die er nun einmal nicht kannte, gestört haben. Wenn wir also vom Bewußtsein aus dem Unbewußten Hinweise geben wollen, so müssen wir darauf achten, das empfindliche Gleichgewicht aller unserer Lebensfunktionen − bewußt oder unbewußt − immer wieder neu auszubalancieren. Wenn wir es richtig angehen, wird unser Unbewußtes das reibungslos und vollständig übernehmen können. Wir brauchen nur ein paar Regeln dabei zu beachten.

Wie denkt man positiv?

Das ,,positive Denken'' wird seit einiger Zeit in vielen Büchern und Seminaren propagiert. Viele dieser Ratgeber beschränken sich allerdings auf den guten Rat: ,,Denk positiv''!'' Wie man das aber nun macht, wird nur bruchstückhaft oder gar nicht abgehandelt. Das Problem dabei ist ja, daß jeder *anders* denkt: Wie wir in den ersten Kapiteln beschrieben haben, denkt der eine eher in Bildern, der andere eher in Worten, Sätzen oder Tönen, der dritte mehr in Gefühlen. Wenn man dann bei einem der amerikanischen ,,Gurus'' Sätze liest wie ,,Und dann gab ich meinem Patienten den Satz: . . .'', fragt man sich: Was aber nun, wenn der Patient gar nicht so sehr in Sätzen denkt, sondern zum Beispiel in Bildern?

Zum Glück wissen wir inzwischen mehr darüber, wie positives Denken so gestaltet werden kann, daß es den Denkweisen der verschiedensten Menschen gerecht wird. Wenn wir nicht sicher wissen, welche Sinneskanäle jemand bevorzugt, haben wir einen einfache Möglichkeit: Im Sinne eines ganzheitlichen Erlebens ist es ohnehin am besten, wenn der Wunsch, das Ziel oder der sonst interessante Gedanke in möglichst allen Sinnen gleichzeitig lebendig erlebt wird. Eine wirkliche, intensiv erlebte Situation zeichnet sich ja auch dadurch aus, daß wir sie mit allen unseren Sinnen wahrnehmen.

Ein guter Wein schmeckt auf dem Weinfest mit angenehmer Musik, Schunkeln und Tanz eben doch anders als in einem eleganten Weinlokal mit gedämpfter Unterhaltung an einem stillen Seitentisch in der Nische. Der „objektive" Geschmack des Weines ist zwar derselbe — aber wegen der verschiedensten Eindrücke der Umgebung ist die Wahrnehmung eine andere.

Vorstellungen sind deshalb um so lebendiger, „wirklicher" und „wirk"-samer, je mehr Sinne dabei aktiviert sind. Nicht zuletzt deshalb ist das Fernsehen in unseren Tagen eines der erfolgreichsten Medien. Es bietet Bild und Ton in unserer vertrauten Umgebung mit unserer gewohnten Gemütlichkeit, und wir können in Ruhe unser Bier dabei trinken und belegte Brote essen oder Salzstangen knabbern.

Denken mit allen Sinnen

Wenn wir also einen positiven Gedanken mit der ganzen Kraft unseres Geistes „denken" wollen, so gehören alle diese Sinneseindrücke dazu:

* Sehen:
- Wie sieht meine Vorstellung genau aus? Wie sehe ich aus? Wie werde ich von anderen gesehen, was sehe ich selbst?
- Kann ich die Vorstellung noch stärker werden lassen, wenn sie farbiger, klarer, heller wird?
- Sehe ich ein Bild oder einen Film? Wenn es ein Standbild ist — kann ich Bewegung hineinbringen?
- Schaue ich von außen zu oder kann ich mich in das Bild oder den Film hineinversetzen und aktiv erleben?

* Hören:
- Was höre ich? Töne, Geräusche, Musik? Redet jemand? Was sagt er? Was sage ich? Wie hört sich das an?
- Sind die Vorstellungen lebhafter, wenn die Töne lauter, heller, der Rhythmus schneller oder langsamer, die Tonlage höher oder tiefer ist?

* Fühlen:
- Wie fühle ich mich dabei?
- Was spüre ich in mir, in meiner Vorstellung: Temperatur, Spannung, Bewegungsimpulse, Berührungen . . .?
- Wo und wie spüre ich das?

* Geruch:
- Spielt ein bestimmter Geruch in der Vorstellung eine Rolle? Wenn sie z.B. mehr Sport treiben wollen und sich Jogging im Wald vorstellen, stellen Sie sich auch vor, wie die Luft dort riecht, die Bäume, das Laub . . . Achten Sie auf die Veränderung des Körpergeruchs, wenn Sie warmgelaufen sind und zu schwitzen beginnen. Beim Segeln würden Sie den Wind und das Salzwasser riechen, das Holz und die Farbe des Bootes (wenn es nicht aus Kunststoff ist).
- Gerade Gerüche spielen in unserem Unterbewußtsein eine viel größere Rolle als im Bewußtsein!

* Geschmack:
- Wenn Sie z.B. mit dem Rauchen aufgehört haben, ist das Neuentdecken Ihrer Geschmackserlebnisse ein wahres Ereignis. Beim Segeln − siehe das letzte Beispiel − können Sie das Salz der See schmecken, beim Tauchen das Mundstück des Atemgeräts, und wenn es um ein Ziel im Zusammenhang mit Essen (und seinen Folgen) geht, ist Geschmack ohnehin eine Schlüsselqualität.

Entscheidend ist, daß Sie die vorgestellte Situation mit allen Ihren Sinnen erfassen, in allen Sinneskanälen erforschen, in ihrer Ganzheit erleben und durchleben. Dann ,weiß" Ihr Unbewußtes genau und konkret, was Sie gerne hätten, und kann sich voll darauf einstellen.

Ein nützlicher Nebeneffekt einer solchen konkreten Ausgestaltung der Vorstellung ist es auch, uns vor ,,falschen" Zielen zu bewahren. Wie oft ist es schon vorgekommen, daß Sie etwas angestrebt haben, dessen konkrete Realität dann ganz anders war, als Sie in Ihren schlimmsten Alpträumen befürchtet hätten? Nach dem Stellenwechsel war der Streß größer als vorher. Der neue Freund ist viel langweiliger als der alte, der neue große Wagen sieht zwar toll aus, fährt aber wie ein Panzer und läßt sich nur mit brachialer Muskelgewalt durch die Stadt lenken.

Das genaue Erleben unserer Wunschvorstellung mit allen Sinnen hat das Ziel, erlebbar zu machen, was erlebbar ist. — *Positiv* wird hier also verstanden im Sinne von *vorhanden sein*, also wirklich da sein. Damit positive Gedanken nicht nur bloße Gedanken bleiben, sondern auch Wirkung zeigen, sind einige Aspekte bei der Formulierung wichtig. Darauf werden wir im nächsten Abschnitt ausführlich eingehen. Zuvor wollen wir aber noch einen anderen Aspekt betrachten.

Was ist eigentlich ,,negativ"?

Positiv denken und formulieren hat noch eine andere Seite. Die Wörter ,,positiv" und ,,negativ" sind stark wertend, und Wertungen haben weitreichende Auswirkungen. Denn unser Organismus sucht natürlich alles, was er für gut hält, und vermeidet alles Schlechte. Und das wäre ganz einfach, wenn die Bewertung ,,gut" oder ,,schlecht" ein für allemal sicher und eindeutig wäre. Aber ist sie das?

Einige Beispiele dazu: Viren machen krank. Also sind sie schlecht. Wenige Viren regen den Körper an, Gegenmaßnahmen zu ergreifen. Dieses Prinzip benutzt der Arzt beim Impfen. Ist ein Impfserum — wohlgemerkt die gleichen Viren, die in größerer Menge krank machen würden — gut oder schlecht?

Selbstsicherheit ist gut. Mehr Selbstsicherheit kann besser sein. Zuviel Selbstsicherheit macht arrogant, und zuviel Selbstüberschätzung kann in Extremsituationen lebensgefährdend sein. Wo ist die Grenze?

Die Chance — und das Risiko — beim Bewerten besteht darin, daß wir anhand unserer eigenen Kriterien beurteilen. Die

Wertung kann nur so gut und schlecht sein, wie es unsere Kriterien und unsere Informationen sind. Manchmal ändert sich die Wertung schon, wenn wir nur den Zeitrahmen etwas verändern. Der Wein, der uns gestern noch so toll geschmeckt hat, verfolgt uns heute mit einem heftigen Kater . . .

Nun ist es sicher notwendig, Dinge bewerten zu können, weil wir sonst gar keine Entscheidungen treffen könnten. Aber es ist hilfreich zu bedenken, daß dies immer nur eine Bewertung in einer bestimmten Situation anhand bestimmter Kriterien sein kann. Gold an sich ist nicht wertvoll; aber wenn es wenig gibt . . . Wasser an sich ist nicht wertvoll, aber gehen Sie mal in die Wüste! Oder anders gedacht: Gold ist wertvoll, Wasser ist wertvoll, Sand ist wertvoll. Tatsachen und Dinge sind immer wertvoll — auch wenn wir im Moment noch nicht wissen, für wen oder was. Eine Landschaft ist, wie sie ist — haben Sie schon mal jemand gesehen, der einen Berg ändern wollte? Ein Stein ist, wie er ist — wäre er besser, wenn er schwerer oder heller oder kälter wäre?

Und das gilt auch für unsere Mitmenschen — sie sind, wie sie sind. Woher wollen wir so genau wissen, ob es wirklich besser wäre, wenn sie ruhiger oder lebhafter oder größer oder kleiner oder dicker oder dünner oder Linkshänder oder Rechtsfüßer wären? Unsere Bewertungen sind immer nur sinnvoll in dem Rahmen, in dem wir sie gerade betrachten. Wenn der Rahmen sich ändert, ändert sich das ganze Bild.

Und genau darin liegt unsere Chance. Indem wir lernen, Dinge in neuem Licht zu sehen, haben wir Gelegenheit, aus unserem begrenzten Rahmen herauszutreten und Neues zu erfahren.

Und wenn wir uns bei dieser Gelegenheit fragen: ,,Was ist eigentlich ein Fehler?'', so könnte eine Antwort sein: Ein Fehler ist dann geschehen, wenn wir ein bestimmtes Ziel verfehlt haben. Aber vielleicht haben wir statt dessen etwas anderes getroffen?

Selbstverständlich ist es wichtig, beurteilen zu können, ob

wir das getroffen haben, worauf wir gezielt haben. Aber wenn wir danebenliegen, ist es auch wichtig zu schauen, was wir denn jetzt tatsächlich getroffen haben. Vielleicht findet man so neue Ziele?

Der positive Zielrahmen

Jeder Mensch plant und handelt zielorientiert. Das ist nichts Neues. Neu ist dagegen die Erkenntnis, daß die Art und Weise, wie wir unsere Ziele formulieren, ganz entscheidend dazu beiträgt, ob wir sie erreichen – oder eben nicht dort ankommen.

Es gibt vier einfache Kriterien, die ein gutes Ziel ausmachen. ,,Gut'' heißt in diesem Zusammenhang, daß die Art und Weise, wie wir an unser Ziel denken und es auch formulieren, uns hilft, es zu erreichen. Diese vier Kriterien bilden die Basis für ein gutes Ziel oder auch den Rahmen. Deshalb nennen wir sie den ,,positiven Zielrahmen''.

Bevor wir auf die einzelnen Punkte genauer eingehen, erst einmal ein Überblick über den ,,Zielrahmen'':

1. Sagen Sie's positiv!
2. Werden Sie konkret!
3. Finden Sie *Ihr* Ziel – nicht das von anderen!
4. Vorteile und Nachteile

1. Sagen Sie's positiv!

Wie wir bereits vorhin gesehen haben, reagiert unser Gehirn nicht auf Worte wie ,,nicht'', ,,kein'', ,,nie'' usw. Denken Sie noch einmal *nicht* an den rosa Elefanten . . genau, es geht nicht! Wenn Sie also als Ziel denken ,,Ich will nicht mehr rauchen/keine Schokolade mehr essen . . .'', dann entstehen in Ihrem Gehirn (genauer gesagt in der rechten Gehirnhälfte) unweigerlich Bilder von Zigaretten, Schokolade . . . Das ist unvermeidlich. Diese Bilder sind meist sehr farbig und entsprechend anziehend. Vielleicht sind sie auch mit Geschmack, Geruch oder Geräuschen verknüpft – das läßt sie dann noch lebendiger wirken.

So kommen wir also kaum oder nur unter sehr erschwerten Umständen ans Ziel. Wenn wir uns dagegen überlegen, was wir denn eigentlich wollen, im positiven Sinne, sieht die Sache schon ganz anders aus. Dann entstehen auch Bilder, vielleicht ebenfalls mit anderen Sinneseindrücken verknüpft – aber das sind Bilder unseres Ziels! Dagegen müssen wir uns nicht wehren, wie bei der Zigarette im vorigen Beispiel, sondern wir können ihre Anziehungskraft nutzen, um genau *dorthin* zu gelangen: an unser Ziel.

Der erste Schritt, wenn es um Ziele geht, ist also immer die Frage: ,,Ist mein Ziel positiv formuliert? Als kleine Checkliste können Sie gleich einmal suchen, ob Sie in Ihrer Formulierung Wörter wie ,,kein‘‘, ,,nicht‘‘, ,,weniger‘‘, ,,nie‘‘ oder ,,vermeiden‘‘, ,,aufhören‘‘, ,,verringern‘‘ etc. finden. Wenn Sie auf ein solches Wort stoßen, gibt es nur eins: umformulieren! Was wollen Sie wirklich?

Können Sie sich Ihr Ziel bildlich vorstellen? Wie wird es sein, wenn Sie es erreicht haben? Das sind weitere Fragen der Checkliste, denn wir können uns nur von vorhandenen Dingen ein Bild machen.

Dieses erste Kriterium des Zielrahmens bildet die Grundlage für alles Weitere. Überprüfen Sie deshalb Ihr Ziel sorgfältig (. . . Manche negativen Formulierungen entdeckt man auch erst auf den zweiten Blick.)

Beispiele für positive Ziele können sein:

Ich habe Spaß am Leben.
Ich nehme mir Zeit für mich und andere.
Ich freue mich an ,,Kleinigkeiten‘‘ im Alltag.
Ich vertraue mir.
Ich fühle mich wohl in meiner Haut.
Ich arbeite mit Freude und Zufriedenheit.

2. Werden Sie konkret!

Allgemein gehaltene Ziele wie „Ich will mehr Anerkennung/geliebt werden/selbstsicherer sein" sind auf den ersten Blick recht einsichtig. Wer würde das nicht auch wollen?

Aber wenn wir einmal genauer nachdenken — was heißt eigentlich „mehr Anerkennung"? Was bedeutet „Selbstsicherheit"? Die Wörter verstehen wir, sie sind uns vertraut — doch wenn wir jemand anderem exakt erklären sollten, was „Anerkennung" für uns genau bedeutet ... müßten Sie da nicht auch erst mal überlegen?

Wer sein Ziel ganz konkret formuliert, sieht oft schon dadurch klarer, wie er es erreichen kann. Wer nicht genau weiß, wo er hin will, kann auch an einer anderen Stelle herauskommen als geplant — das Problem kennen Sie bereits.

Das zweite Kriterium für ein „gutes Ziel" ist die konkrete Formulierung. Erinnern Sie sich noch einmal an unser Sprachkapitel. Dort war die Rede von „unspezifischen Ausdrücken", „im luftleeren Raum", „im Gefrierschrank" und anderen Verformungen. Als weitere Checkliste, ob Ihr Ziel konkret formuliert ist, können Sie zunächst diese Punkte prüfen. Fragen Sie sich außerdem, woran Sie erkennen können, daß Sie Ihr Ziel erreicht haben. Das ist eine Hilfe, um das Ziel genauer zu definieren. Formulieren Sie es in der Sprache Ihrer fünf Sinne. Wenn Sie zum Beispiel selbstsicherer werden wollen, was und wie würden Sie sehen, hören, fühlen, riechen, schmecken ...? So kommen Sie Ihrem Ziel auch schon einen Schritt näher: Vielleicht finden Sie heraus, daß „Selbstsicherheit" für Sie bedeutet, daß Sie aufrecht stehen, die Schultern entspannen und Ihrem Partner in die Augen sehen. Oder daß Ihre Stimme klar und deutlich klingt. Oder daß Sie tief durchatmen.

Sobald Sie Ihr Ziel so konkret formulieren, können Sie es leichter erreichen. Denn mit diesen Dingen, auf die Sie nun gestoßen sind — aufrechte Haltung, tiefes Atmen, Blickkontakt usw. — können Sie aktiv experimentieren. Die einzelnen

Schritte, wie Sie an Ihr Ziel kommen können, werden Ihnen so deutlicher.

3. Finden Sie **Ihr** Ziel — nicht das von anderen!

„Ich will, daß mein Partner freundlicher zu mir ist." Das ist auch ein Ziel — aber in dieser Formulierung ist nicht Ihr, sondern das Verhalten Ihres Partners genannt. Er soll sich ändern, nicht ich. Das ist ein *Wunsch*. Ein *Ziel* für mich ist, herauszufinden: wie kann oder will ich mich verhalten, damit meine Chancen größer werden, daß mein Partner freundlicher zu mir ist? Zu solch einem Ziel können Sie den Weg selber aussuchen.

Entscheidend ist, daß Sie die Initiative und die Verantwortung für Ihr Ziel übernehmen. Formulieren Sie es so, daß es nicht von anderen abhängig ist. Denn was andere tun oder lassen, können Sie nur in sehr begrenztem Rahmen beeinflussen. Aber die anderen werden ein ganz gewichtiges Wörtchen mitreden wollen, wenn sie ihr Verhalten ändern sollen. Damit würden andere aber viel zu viel Einfluß auf Ihr Ziel nehmen können. Also formulieren Sie nicht „Meine Kollegen akzeptieren mich", sondern „Ich begegne meinen Kollegen offen und entspannt".

Versuchen Sie, Ihrem Ziel auf den Grund zu gehen. Was genau ist wichtig für Sie persönlich? Wenn jemand z.B. sagt „Ich will Macht über andere", könnte der Kern sein „Ich bin selbstsicher und vertrete meine Interessen". Gute Dienste leistet bei dieser Suche die Frage „Wozu?" Wozu will ich einen Lottogewinn? Will ich über das Geld mehr Anerkennung bekommen? Wozu brauche ich die Anerkennung? Will ich innerlich zufriedener sein? — Wenn Sie so am Kern Ihres Ziels angelangt sind und es dann noch konkret und in der Sprache der fünf Sinne formulieren, sind Sie dem Ziel schon einen großen Schritt näher gekommen.

4. Vorteile und Nachteile

,,Alles hat auch seine Schattenseiten" sagt ein Sprichwort. Das kann natürlich auch für Ziele gelten. Manche haben unerwünschte ,,Nebenwirkungen" und Begleiterscheinungen, an die man im ersten Moment überhaupt nicht gedacht hat. Bevor man sich daranmacht, das Ziel zu erreichen, ist es deshalb sinnvoll, es auf eventuelle Nachteile zu prüfen.

Gehen Sie dabei systematisch die verschiedenen Bereiche Ihres Lebens durch: Familie, Freunde, Beruf, Freizeit . . . In der Begeisterung für ein Ziel sagt man leicht ,,Was soll das schon für Nachteile haben? Da kann doch überhaupt nichts passieren – nur Vorteile!" Wenn Sie aber genauer hinsehen, stoßen Sie vielleicht doch auf die eine oder andere Schwierigkeit oder ein Risiko.

Deshalb ist es wesentlich sinnvoller, sich vorher genau zu überlegen, was man eigentlich will und was die Konsequenzen daraus sein können – statt mittendrin auf Stolpersteine zu stoßen. Wenn Sie nämlich schon jetzt mögliche Nachteile entdecken, können Sie Ihr Ziel leicht entsprechend ändern, anpassen und umformulieren. Bitten Sie auch hier Ihren kreativen Teil um Mithilfe, dann kann bestimmt nichts mehr schiefgehen.

Noch eine Anmerkung: Fragen Sie sich auch, was Ihr jetziger Zustand Ihnen für Vorteile bietet. Vielleicht hat auch er sein Gutes, und dafür wäre dann kein Platz mehr, sobald Sie Ihr Ziel erreicht haben. Wenn Sie auf einen solchen ,,sekundären Gewinn" stoßen, ist es ungünstig, ohne Rücksicht darauf das Ziel anzusteuern. Es ist viel sinnvoller, wenn Sie zuerst Möglichkeiten suchen, wie denn dieser Gewinn auf andere Art und Weise sichergestellt werden kann. Nur dann kann nämlich der Teil Ihrer Persönlichkeit, der für diesen Gewinn zuständig ist, Sie mit seiner ganzen Energie unterstützen. Wenn er dagegen befürchten muß, übergangen oder gar aus dem Weg geräumt zu werden, wird er sich natürlich mit Händen und Füßen dagegen wehren – und Sie hindern, Ihr Ziel zu erreichen.

Erinnert Sie dieser Gedankengang an die Übung „Umdeuten"? Mit Recht, denn genau das wird hier angestrebt: neue Wege zu finden, wie eine gute Absicht auf andere Art und Weise verwirklicht werden kann.

Übung: Ziele erreichen

Diese Übung ist recht komplex, schließlich geht es um ein wichtiges Thema für Sie. Je konzentrierter Sie dabei sind, desto sicherer werden Sie Erfolg haben.

Lesen Sie die ganze Übung deshalb genau durch, bevor Sie beginnen, damit Sie mit den einzelnen Schritten vertraut werden. Wenn Sie sie alleine für sich machen, schreiben Sie sich Ihre Antworten am besten auf, damit kein Aspekt untergehen kann. Vielleicht bitten Sie auch einen guten Freund, Ihnen die einzelnen Schritte vorzulesen und Sie bei der Übung zu unterstützen?

Die Übung beginnt damit, daß Sie Ihr Ziel nach den Kriterien des positiven Zielrahmens formulieren, den Sie gerade kennengelernt haben. Dann gehen wir einen Schritt weiter – Sie formulieren nicht nur Ihr Ziel, sondern nutzen Erinnerungen und eigene Stärken, um Ihr Ziel auch zu erreichen: Sie setzen Ihre Vorstellungen also in gezieltes Handeln um.

1. Suchen Sie sich ein Ziel, das Sie gerne erreichen möchten und das in greifbarer Nähe liegt. (Nehmen Sie für den Anfang und zum ersten Üben kleine, überschaubare Ziele. Um so leichter wird Ihnen die Übung fallen, und Sie können sich dann nach jedem Erfolgserlebnis ein größeres Ziel vornehmen.)

2. Formulieren Sie Ihr Ziel positiv, nach den Kriterien des „Zielrahmens", den Sie bereits kennen. Liegt die Zielerreichung in Ihrer Hand? Oder haben Sie ein Ziel eines anderen benannt – „Ich will, daß er . . ."? Formulieren Sie Ihr Ziel so, daß Sie dabei die Initiative übernehmen und die einzelnen Schritte ausführen können.

   Kann es auch Nachteile haben, daß Sie dieses Ziel erreichen? Prüfen Sie die verschiedenen Bereiche Ihres Lebens. Wie wird sich dieser Schritt auf Ihre Familie, Freunde, Beruf, Hobbys . . . auswirken? Wenn Sie Nachteile finden, dann formulieren Sie Ihr Ziel um, verändern Sie es so, daß die Vorteile bleiben, die Nachteile aber geringer werden und schließlich verschwinden. (Sie können hier auch Ihren kreativen Teil um Mithilfe bitten!)

3. Woran würden Sie erkennen, daß Sie Ihr Ziel erreicht haben? Formulieren Sie die Anzeichen und Kriterien dafür möglichst konkret: Was genau würden Sie sehen, hören, fühlen, schmecken, riechen . . .? Werden Sie eher an Ihrem äußeren Verhalten oder an inneren Reaktionen merken, daß Sie Ihr Ziel erreicht haben?

4. Welche Fähigkeiten brauchen Sie, um Ihr Ziel zu erreichen? Was müssen Sie tun oder können?

5. Erinnern Sie sich an eine konkrete Situation, in der Sie diese Fähigkeit schon einmal hatten. Das kann in einem völlig anderen Kontext gewesen sein, mit anderen Menschen – wichtig ist nur, daß es genau diese Fähigkeit war.

   (Wenn Ihnen hier beim besten Willen keine Situation einfällt, stellen Sie sich jemand anderen ganz genau vor, von dem Sie wissen, daß er diese Fähigkeit hat. Schlüpfen Sie gewissermaßen in seine Haut.)

   Erleben Sie die Situation noch einmal, so als würde sie

jetzt geschehen. *Sie haben jetzt diese Fähigkeit.*
Schauen Sie sich um, hören Sie gut hin und achten Sie
auf Ihre Gefühle und Empfindungen. Sehen Sie innere
Bilder? Sprechen Sie mit sich?

6. Finden Sie dann einen Anker in dieser Situation, der
   Sie daran erinnert, daß Sie diese Fähigkeit besitzen.
   Dabei stehen Ihnen alle Möglichkeiten offen: Es kann
   ein Gegenstand sein (real oder vorgestellt), den Sie an-
   schauen oder berühren, ebenso eine bestimmte Geste, Körperhaltung oder vielleicht eine Melodie . . .
7. Benutzen Sie diesen Anker und stellen Sie sich mit
   ihm vor, wie Sie diese Fähigkeit mitnehmen und mit ihr
   Ihr Ziel erreichen: wie Sie genau diese Fähigkeit haben, die Sie brauchen, um an Ihr Ziel zu kommen.
   Stellen Sie sich das erreichte Ziel wieder ganz „hautnah" vor, in allen Einzelheiten − so als wäre es jetzt
   Wirklichkeit.
8. Treten Sie nun innerlich einen Schritt zurück und betrachten Sie, was Sie erreicht haben. Prüfen Sie noch
   einmal, ob es genau das ist, was Sie wollten. Können
   Nachteile auftreten, die Sie zuvor nicht bemerkt
   haben?
   Wenn Sie etwas ändern wollen oder wenn Sie auf
   Nachteile gestoßen sind, gehen Sie noch einmal zurück zum Anfang und formulieren Sie Ihr Ziel entsprechend um. Dann gehen Sie die weiteren Schritte.
   Verändern Sie das Ziel so lange, bis Sie mit dem Ergebnis ganz zufrieden sind.
   Nun entspannen Sie sich, und erlauben Sie sich einen
   kleinen Tagtraum, eine „innere Reise", auf der Sie
   sich vorstellen, wie Sie bei der nächsten Situation in Ihrem Leben, in der Sie diese Fähigkeit einsetzen wollen, dies auch tun und so Ihr Ziel erreichen. Bitten Sie
   Ihr Unbewußtes um Unterstützung dabei und lassen

Sie sich überraschen, wie es sein wird. Vielleicht kommen Ihnen noch ganz neue Ideen . . .

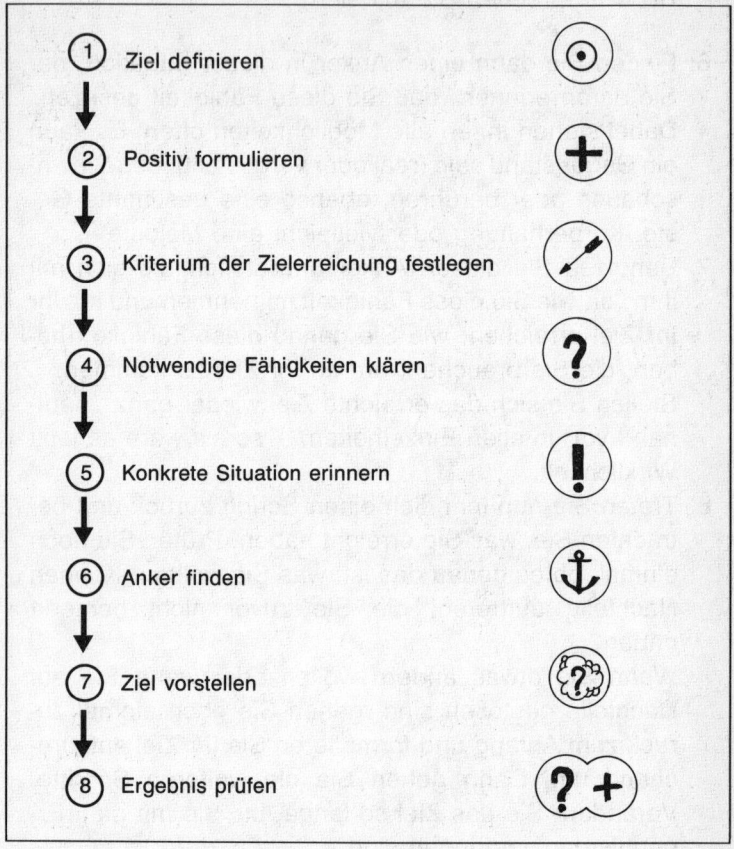

1. Ziel definieren
2. Positiv formulieren
3. Kriterium der Zielerreichung festlegen
4. Notwendige Fähigkeiten klären
5. Konkrete Situation erinnern
6. Anker finden
7. Ziel vorstellen
8. Ergebnis prüfen

Das war die letzte Übung dieses Buches und gleichzeitig ein Anfang. Denn es geht um Ihre Ziele und wie Sie sie erreichen. Vielleicht nehmen Sie sich ja als nächstes Ziel vor, die neuen Anregungen und Erkenntnisse aus diesem Buch in die Tat umzusetzen?

Erfahrungsaustausch in Gruppen

Bei vielen Übungen werden Sie gedacht haben, daß sie sich mit anderen zusammen viel einfacher machen ließen als zu Hause im stillen Kämmerlein. Diese Überlegung ist völlig richtig. In einer Gruppe kann man sich gegenseitig weiterhelfen, und man entdeckt vielleicht auch ganz neue Aspekte, an die man vorher noch nicht gedacht hatte.

Sie können sich zum Beispiel mit Freunden zusammentun und eine Übungsgruppe gründen, in der auch ein regelmäßiger Erfahrungsaustausch möglich ist.

Wir führen zu den Inhalten dieses Buches regelmäßig Seminare und NLP-Ausbildungen durch. Wenn Sie mehr erfahren wollen und sich dafür interessieren, schreiben Sie uns. Sie erreichen uns unter folgender Anschrift:

INNTAL-Institut für NLP
Daniela und Claus Blickhan
Asternweg 10a

8201 Großkarolinenfeld
Tel. 08031 – 50601
Fax. 08031 – 59601

Wir freuen uns auch über jede Rückmeldung darüber, was Ihnen an unserem Buch gefallen hat und was weniger. Uns interessiert, wie Sie die Übungen in Ihrem Alltag umgesetzt haben und wie es Ihnen dabei ging. Also – wenn Sie Lust und Laune haben, schreiben Sie uns!

Nachwort

Nun haben Sie das Buch bis zum Ende gelesen. Vielleicht sind Ihnen schon einige Ideen gekommen, wie Sie das Gelesene in die Tat umsetzen können und in Ihren Alltag integrieren. Vielleicht schwirrt Ihnen aber auch noch fast der Kopf von soviel Neuem, und Sie fragen sich, wie Sie es verarbeiten und umsetzen können. Vielleicht wollen Sie auch soviel Neues auf einmal ausprobieren, daß Sie dabei ein bißchen übers Ziel hinausschießen könnten (Rom wurde auch nicht an einem Tag erbaut . . .).

Wie dem auch sei — eine wesentliche Unterstützung, um die neuen Erkenntnisse auf Ihr tägliches Leben zu übertragen, bekommen Sie, wenn Sie es mit dieser Grundeinstellung tun, die wir in den vorigen Kapiteln beschrieben haben.

Also: Zwingen Sie sich nicht —
    sondern geben Sie sich Chancen.

    Kritisieren Sie nicht die alten Verhaltensweisen —
    sondern würdigen Sie deren positive Seite und bauen Sie darauf auf.

    Beklagen Sie nicht ,,Mißerfolge'' —
    sondern betrachten Sie jeden Versuch als wichtige Erfahrung, die Ihnen neue Erkenntnisse bringt, wie der nächste Schritt aussehen kann.

Vielleicht haben Sie sich manchmal des Gedankens nicht erwehren können, alles sei jetzt machbar, man brauche nur die richtige Technik. Abgesehen davon, daß es sich dabei um ein technizistisches Weltbild handelt, das wir nicht teilen, „funktioniert" auch nicht jeder Mensch nach dem gleichen „Schema". Das haben wir bereits im zweiten Kapitel bei den Augenbewegungen erwähnt: Nicht jeder macht sich die Mühe, in ein Modell zu passen. Gerade das macht ja die Individualität aus, den Reiz der Einzigartigkeit. Wer also die Übungen mißbrauchen will, um andere Menschen damit „umzubauen", wird wohl kaum Erfolg damit haben.

Die Grundlage jeder Änderung ist es, daß der alte Zustand akzeptiert und gewürdigt wird. Soll er abgeschafft werden, führt das nur zu Widerstand, denn der Teil der Persönlichkeit, der dafür verantwortlich ist, fühlt sich in seiner Existenz bedroht. Wenn wir ihn aber erst einmal akzeptieren, können wir in ihm einen wertvollen Freund finden.

Wer meint, alles sei machbar, betont damit auch die bewußten, aktiven Teile der Persönlichkeit zu stark. Im fünften Kapitel haben wir gesehen, daß die unbewußten Teile mindestens genauso wichtig sind, gerade wenn es um die interne Abstimmung und das natürliche Gleichgewicht der ganzen Person geht.

Sie haben das Buch jetzt einmal gelesen. Damit Sie es nicht nur gelesen haben, sondern auch verstehen, behalten und anwenden, gehören noch mehrere Schritte dazu. Lesen Sie das ganze Buch noch einmal, nehmen Sie sich für einen bestimmten Zeitraum (zum Beispiel eine Woche) ein Kapitel vor, das Sie in dieser Zeit auch in Ihrem Alltag anwenden. Erst in der nächsten Woche gehen Sie zum nächsten Kapitel weiter.

Durch diese intensive Beschäftigung fangen Sie an, nicht nur mit dem Kopf zu verstehen, sondern auch auf „unbewußte", ganzheitliche Weise. Schließlich ist es auch wichtig, nicht alles und sofort verändern zu wollen. Schon vor 200 Jahren hat Friedrich Oetinger das in einem Gebet formuliert:

„Gott gebe mir
die Gelassenheit, Dinge hinzunehmen, die ich nicht
ändern kann;
den Mut, Dinge zu ändern, die ich ändern kann;
und die Weisheit, das eine vom anderen zu
unterscheiden."

Wir wünschen Ihnen diese Gelassenheit,
den Mut und die Weisheit.

Daniela Blickhan
Claus Blickhan